[英] 温斯顿·丘吉尔—著   李国庆等—译

CHURCHILL'S MEMOIRS OF WORLD WAR II

丘吉尔二战回忆录

海陆鏖战

SPM
南方传媒   广东人民出版社

·广州·

图书在版编目（CIP）数据

海陆鏖战 /（英）温斯顿·丘吉尔著；李国庆等译.
广州：广东人民出版社，2024.8. --（丘吉尔二战回忆
录）. -- ISBN 978-7-218-17966-7

Ⅰ. K835.617=5；K152

中国国家版本馆 CIP 数据核字第 20247WR850 号

QIUJI'ER ERZHAN HUIYILU · HAILU AOZHAN

丘吉尔二战回忆录·海陆鏖战

［英］温斯顿·丘吉尔 著 李国庆等 译　　　版权所有　翻印必究

出 版 人：肖风华

责任编辑：范先鋆　戴璐琪
责任技编：吴彦斌
封面设计：贾　莹

出版发行：广东人民出版社
地　　址：广州市越秀区大沙头四马路 10 号（邮政编码：510199）
电　　话：（020）85716809（总编室）
传　　真：（020）83289585
网　　址：http://www.gdpph.com
印　　刷：三河市人民印务有限公司
开　　本：787 毫米 × 1092 毫米　1/16
印　　张：10.75　　字　　数：155 千
版　　次：2024 年 8 月第 1 版
印　　次：2024 年 8 月第 1 次印刷
定　　价：58.00 元

如发现印装质量问题，影响阅读，请与出版社（020-87712513）联系调换。
售书热线：（020）87717307

《丘吉尔二战回忆录》 译者

（排名不分先后）

李国庆　张　跃　栾伟霞　曾钰婷　刘锡赟　张　妮
李楠楠　汤雪梅　赵荣琛　宋燕青　赖宝滢　张建秀
夏伟凡　王　婷　江　霞　王秋瑶　郑丹铭　姜嘉颖
郭燕青　胡京华　梁　楹　刘婷玉　邓辉敏　李丽枚
郭轶凡　郭伊芸　韩　意　李丹丹　晋丹星　周园园
王璕斑

战争时： 意志坚定
战败时： 顽强不屈
胜利时： 宽容敦厚
和平时： 友好亲善

致　谢

　　我应再次向帮助我完成前几卷的各位朋友致谢，他们是：陆军中将亨利·波纳尔爵士、艾伦海军准将、迪金上校、爱德华·马什爵士、丹尼斯·凯利先生和伍德先生。对于审阅过原稿并提出意见的许多其他人士，我也表示谢意。伊斯梅勋爵以及我的其他朋友一直为我提供帮助。承蒙英王陛下政府准予复制某些官方文件的文本，此类文件的王家版权属于英王陛下政府文书局所有，特此致谢。遵照英王陛下政府的要求，为了保密起见，本卷①中所刊载的某些电文曾由我根据原意加以改写。这些更动，并未改变其原有的含义或实质。

　　① 原卷名为"伟大的同盟"，现分为《海陆鏖战》《战局扩大》《全方位的争夺》《援苏联美》《同盟的雏形》《美国入局》六册。——编者注

前　言

　　本卷（《海陆鏖战》《战局扩大》《全方位的争夺》《援苏联美》《同盟的雏形》《美国入局》）和其他各卷一样，只是为第二次世界大战这段历史提供史料。这段历史是从英国首相兼任对军事负有特殊责任的国防大臣的角度来叙述的。因为军事问题在很大程度上是直接属于我的职责范围，所以对于英国进行的战役我都谈到并且作了相当详细的叙述。但关于盟国的斗争，除了用作背景铺垫外，则无法一一叙述。为了尽量求得公正，这些战役情况应留给它们本国的历史家，或将来更接近于通史的英国著述去记载。我承认我不可能使这些记载的篇幅比例相同，因此我便力求将我们自己的历史事件写得真实一点。

　　主要线索还是我日常指挥作战和处理英国事务的一系列指令、电报和备忘录。这些全都是原始文件，是随着事件的发展而引用的。因此，与现在事情结束后我可能写出的任何著述相比较，这些文件是更确实可靠的记载，而且，我相信，它们能更确切地说明当时所发生的事件和当时的看法。在这些文件中，虽然包括一些后来证明是不准确的意见和预测，但是我希望通过整个文件可以判断我个人在这次战争中的功过。只有这样，读者才能了解在当时的知识水平的局限下我们必须处理的实际问题。

　　对我函电的答复，往往是政府各部门冗长的备忘录。刊载这些文件，一是篇幅不容许，二是在许多情况下我也确实没有这种权力，因此，我谨慎地尽可能避免对个别的人有所指责。只要有可能，我都是力求对复电进行概括的叙述，但是，总的说来，这里刊用的文件是可以说清楚情况的。

　　我们在本卷中要再一次谈到大规模战争。在苏联前线的战斗中双方投入的师的数量和投入法兰西战役的师的数量相当。在一条比法兰西战线长得多的战线的各个据点上，大量军队进行鏖战，杀戮之多，不是这次战争中其他地区的杀伤情况可以比拟的。对于德国和苏联军队之间的战斗，是作为英国和西方盟国行动的背景才谈到，超过这一点之外恕我无法提及。1941年和1942年苏联的英雄史值得人们进行详细的、冷静的研究，并用英文记述下来。外国人要想叙述苏联人的痛苦与光荣，没有便利的条件，虽然如此，还是应当努力。

希特勒进攻苏联，给这一年里的风风雨雨划上一个句点：在这一年中，大不列颠和它的帝国单独作战，不但没有气馁，还在不断地增强力量。六个月以后，美国受到日本的猛攻，成为我们全心全意的盟国。我们的联合行动，早在我同罗斯福总统的往来函电中就事先打好了基础，因此我们不但可以预测我们作战的方式，而且可以推断我们行动的后果。整个英语世界在作战方面有效的合作和伟大同盟的建立，构成了我这一卷书的结尾。

温斯顿·丘吉尔

于肯特郡，韦斯特勒姆，恰特韦尔庄园

1950年1月1日

目录
CONTENTS

第一章　海上灾难 ／ 001

第二章　沙漠大捷 ／ 017

第三章　沙漠地区和巴尔干国家 ／ 037

第四章　硝烟四起 ／ 059

第五章　闪电战与反闪电战 ／ 077

第六章　鏖战地中海 ／ 097

第七章　击败意大利帝国 ／ 123

第八章　当机立断，援助希腊 ／ 139

附录 ／ 159

第一章
ONE
海 上 灾 难

伪装的水面袭击舰——"舍尔"号的远航——"杰维斯湾"号救了护航队——在西北航道逐渐增加的阻碍——在布罗迪—福兰德附近海面的损失——取消对爱尔兰的补助金——在水下敷设一层像地毯似的水雷——增援和鼓励空军海岸部队——他们的反击取得最后胜利

1939 年 12 月,"施佩伯爵"号在拉普拉塔河口外作战时被击毁,因此德国突然中止了在广阔海域对我方舰艇发起的首次袭击。正如我们所看到的,挪威战役导致德国海军在自家水域一时陷入瘫痪,只好将残余舰艇保护起来,以便日后进攻英国。德国海军上将雷德尔主张海战的想法从技术层面看是正确的,但却很难在会议中被采纳。有一次,他甚至不得不反对陆军提出的建议——将他的重型舰艇上的武器装备通通卸掉,并把大炮架设在海岸的远程炮台上。到了夏季,他给几艘商船配备了武器,将它们打造成伪装的袭击舰。同我方武装商船相比,这些伪装的袭击舰武器装备更强、航速更快,还配有侦察机。1940 年 4 月至 6 月,五艘伪装袭击舰躲过了我方巡逻舰成功驶入大西洋;第六艘则驶过危险的东北航道,沿西伯利亚北部海岸进入太平洋。在一艘苏联破冰船的援助下,第六艘袭击舰在两个月内结束航程,于 9 月渡过白令海现身太平洋。雷德尔海军上将给这些袭击舰下达了三个任务:第一,击毁或俘虏英国舰艇;第二,扰乱英国舰艇的行动;第三,迫使英国战舰为应付德国海军威胁分散护航舰和巡逻舰。以上这些缜密周到的战术让我们难以应付。9 月前两周,这五艘伪装的袭击舰在我方贸易航线上出没。其中,两艘在大西洋,两艘在印度洋,另外一艘在奥克兰和新西兰敷设完水雷后进入了太平洋。整整一年,我们只和他们较量过两次。7月29日，"袭击舰E"在南大西洋遭遇武装商船"阿尔坎塔拉"号的袭击，较量无果后仓皇逃走。12月，另一艘武装商船"卡那封堡"号又在拉普拉塔河口外攻击了同一艘袭击舰，这次它轻微受损后又逃脱了。截至1940年9月底，这五艘袭击舰共击毁或俘虏了我方船只三十艘，吨位共计二十三万五千吨。

等到1940年10月底，"舍尔"号袖珍战列舰终于竣工，准备服役。当德国搁置进攻英国的计划时，该舰于10月27日驶离德国，经由冰岛以北的丹麦海峡驶入大西洋。一个月后，装有八英寸口径大炮的"希佩尔"号巡洋舰相继出港。"舍尔"号奉命袭击北大西洋上的英国运输船队，因为该航线上的护航舰已经前往地中海增援。克兰克舰长断定，一支驶回英国的运输船队已于10月27日离开哈利法克斯，他希望在11月3日前后阻击这支船队。11月5日，他的飞机报告，在东南方向发现八艘英国舰艇，于是他下令追击。下午2时27分，他发现一艘孤零零的舰艇——"莫潘"号。将船上六十八名船员劫上自己的战舰后，他开炮击沉了"莫潘"号。他利用威胁手段，阻止"莫潘"号对外发送无线电报。下午4时50分，当"舍尔"号忙于应付"莫潘"号时，地平线上冒出了三十七艘运输船的桅杆。运输船队中间的那艘是海上护航舰——"杰维斯湾"号。该舰指挥官皇家海军上校费根立刻意识到凶多吉少。在发出遭遇敌军的无线电报告后，他唯一的念头是尽量和敌军的袖珍战列舰周旋，以争取更多时间让运输船赶紧散开。等天色一黑，大部分运输船就有机会逃脱。当运输船散开后，"杰维斯湾"号开足马力与强大的对手展开较量。"舍尔"号在一万八千码外就开炮了，但"杰维斯湾"号六英寸口径的旧式大炮射程太短，未能击中敌舰。这场实力悬殊的战斗一直持续到下午6点，"杰维斯湾"号当时已大火熊熊，完全失去控制，敌舰便抛下它离开。8点左右，"杰维斯湾"号沉没，损失军官和士兵两百余人。费根上校也在牺牲者的行列，他同他守护的船一起沉入了大海。英国后来追授

他维多利亚十字勋章①，其英雄事迹被写入了皇家海军史。

直到战斗结束，"舍尔"号才开始追击运输船队，但寒冷的夜晚即将到来。这时，船只都已四处散开，"舍尔"号在天黑前仅追上并击沉了五艘运输船。"舍尔"号的位置已经暴露，因此不能在这个海域继续逗留，而且它料到英国军队很快就会在此集结。"杰维斯湾"号的英勇牺牲，使我们这支宝贵的运输船队的大部分船只幸免于难。可见，商船海员的作战精神丝毫不逊色于护航舰的船员。另外，一艘名为"圣德米特里欧"号的运油船装载了七千吨燃油，因为船身起火被遗弃。但次日清晨，一部分船员再次登船并扑灭了大火，随后他们在没有罗盘和航海设备的情况下，经过不懈努力终于将整条船连同其宝贵物资带回了一个英国港口。然而，我们这次共损失了重达四万七千吨的船只和二百零六名商船船员。

"舍尔"号铁了心要把追击者远远甩在身后，于是向南疾速行驶；十天后，它遇见一艘德国补给船，于是补充了燃料和给养。10月24日，它现身西印度群岛并击沉了"霍巴特港"号，随后循原路折回佛得角群岛。直到1941年4月，它才成功渡过丹麦海峡回到基尔。在五个月的巡航期间，这艘舰艇击沉或俘虏了十六艘船只，共计九万九千吨。

*　　*　　*

自6月份以来，英国运兵船（电报代号为"W. S."②）在重型护航舰保护下，每个月都会绕过好望角驶往中东和印度。同时，大量运兵船穿梭在印度洋各港口间，加拿大军队也川流不息地经由大西洋抵

---

① 维多利亚十字勋章，英联邦国家的最高级军事勋章，1856年维多利亚女王应其夫艾伯特亲王之请而设置，以维多利亚女王的名字为其命名，奖励给对敌作战中最英勇的人。——译者注

② 直到战后，我才知道，我使用了那么多次的这两个字母是英国海军部的用语，意为"温斯顿的专号"。

达英国，这些都给我方海军制造了莫大压力。因此，相比1939年在多个海域搜寻"施佩伯爵"号的情形，我们如今已无法再派出同等规模的搜索队。我方巡洋舰都部署在主要航线附近的核心地带，单独出航的船只必须利用灵活的航线和广阔的海域来隐藏行踪。

1940年圣诞节，由二十艘军队运输舰和供应船组成的"W. S. 5A"运输船队驶往中东地区。在快要到达亚速尔群岛的时候，船队遭遇"希佩尔"号巡洋舰袭击，该舰是在"舍尔"号出发一个月后驶出德国的。当时海面能见度很低，"希佩号"意外发现护航舰中有"贝里克"号、"幸运"号和"杜尼丁"号这几艘巡洋舰。接着"希佩尔"号和"贝里克"号短兵相接，双方均有损伤。随后"希佩尔"号逃跑，尽管本土舰队和"H"舰队全力追击，但它还是在大雾中逃到了布雷斯特。不过幸运的是，运输船队中只有载有三万多人的"帝国骑兵队"号必须前往直布罗陀修理。

此后的远洋航行都让人颇为不安。我们知道，有数量不明的德国伪装袭击舰正在南方洋面上劫掠：袖珍战列舰"舍尔"号出没无常，"希佩尔"号随时都可以从布雷斯特驶出，而"沙恩霍斯特"号和"格奈森诺"号这两艘战舰大约不久也要开始行动。

敌方的袭击舰，远多于我方海军部为防备敌舰和保卫辽阔的航线所部署的舰艇，双方力量悬殊，这情形已在前文中讲到了。海军部需要在多个地点有所准备，以便为千万艘商船提供保护，而且只能勉强保证军需运输的安全，对于民用运输船队，则不敢担保不会偶然发生一些可悲的灾难。

*　　*　　*

除了这些问题之外，还有一种更加严重的危险。战争中真正使我感到害怕的是敌人的潜艇。甚至在空战以前，我就断定敌人的入侵是不会成功的。空战胜利后，战事开始有利于我方。我们能够在对我们有利而敌人显然也知道对他们不利的情况下，消灭他们。在战争这么残酷的状况下，能够打这种战争，按理说我们应该满足了。但是，现在我们的生命线，甚至连远洋航线，尤其是英伦三岛的门户，也受到了威胁。比起曾经光荣的空战——所谓的"不列颠之战"，如今我对海上的战斗更加担忧。

素日里和我关系不错且经常沟通的海军部也同样忧心忡忡，甚至比我更焦虑。因为他们的首要职责就是保卫我方海岸不受侵犯，以及保持海外生命线的畅通。海军部始终认为这是他们神圣的、不可回避的职责。所以，我们需要和海军部共同斟酌权衡这个问题。我们在描述这个问题时，不会融入过去种种辉煌与成就，而是用各种数据、图表和曲线来说明，这些表现形式对于整个国家和外界而言都是陌生的。

潜艇战会对我们的进口贸易和船舶数量有什么影响？是否会威胁到我们的生存？对这些问题，不要胡乱比画或耸人听闻，请沉着冷静地绘制图表来说明我们遭遇扼杀的可能性。尽管陆军已做好与敌人正面作战的准备，或者已为沙漠战拟订了妥善的计划，但这个时候已经意义不大了。面对这片荒凉阴沉的大海，大家再怎么精神饱满、尽忠职守也无济于事。目前，粮食、军需和武器都只能从新大陆和英帝国殖民地运出，横渡大洋后再抵达我方所在地。因为德国人已经占据了从敦刻尔克到波尔多的整条法国海岸线；他们一占领这些地方，就马不停蹄地为潜艇和飞机建立联合作战基地。7月后，我们被迫放弃爱尔兰南部的航道，当然就不能再往那里派驻战斗机。所有的船舶也都只能从北爱尔兰绕进来。但万幸的是，阿斯特尔（爱尔兰北部省份）在紧要关头成为我们忠实可靠的哨兵，默尔西河和克莱德湾也好比我们的肺叶，给了我们喘息的机会。尽管敌人的空袭规模不断加剧，投放的快速鱼雷艇和水雷也越来越多，但我们的小型船只仍在东海岸和英吉利海峡定期往返。由于无法改变东海岸的航线，运输船队每天都要穿过福思和伦敦间的航道，那阵势和打仗没什么两样。很少有大型船只会冒险在东海岸航行，英吉利海峡更是连个船影子都看不到。

1940年7月以来的一年里，当我们宣称已取得"不列颠之战"的胜利时，我方船舶损失最为严重。更糟糕的情况发生在美国参战后，

那时美国东海岸尚未建立护航制度。虽然美国的加入并未降低我们的损失，但至少我们已经不是单打独斗了。1940年下半年，船舶损失依然严重，随后借着冬季的大风，情况才有所好转，潜艇也未遭重创。通过投放更多深水炸弹和灵活变更航线，我方优势有所增加；但迫于入侵威胁，我们必须在狭窄海域集中强大的海军，而实际上只是陆续来了些新造的反潜舰艇。这给海军部和其他了解内情的人心里都蒙上了一层阴影。9月22日前一周，我方自开战以来的损失再创新高，这实际上远远超过我们在1917年同一时期所蒙受的损失。其中，被击沉的船只二十七艘（近十六万吨），而且很多都是从哈利法克斯驶来的运输船。10月，当"舍尔"号还在积极作战时，另外一支大西洋运输船队遭到德国潜艇的袭击，三十四艘运输船被击沉二十艘。

随着冬季的到来，默尔西河和克莱德河河口比战争中的其他因素要重要得多。当然了，我们也可以袭击爱尔兰地区，并用新式武器收复南方各港口。对此，我总说除非是为了自保，否则我绝不会这么做。但真到了生死存亡的时候，我们也别无他法。不过这种让人为难的做法也只能应付一时，唯一有效的办法是确保我们能自由出入默尔西河和克莱德河。

少数了解内情的人每天一见面也只能面面相觑。大家都清楚，深入水中的潜水员一分钟都离不开他的通气管。如果他看见一大群鲨鱼在咬通气管，那是种什么感觉？当他发觉已经没有被拉回海面的希望时，想必这种感觉会更加强烈。对我们而言，这个海面并不存在。在这个人口稠密的岛上，有四千六百万名居民是潜水员；他们正在世界各地大范围作战，这座海岛在自然和重力双重作用下被固定在海底。鲨鱼会对潜水员的通气管做什么？潜水员又该如何摆脱或消灭这些鲨鱼？

早在8月初，我就深信，让普利茅斯司令部从默尔西河和克莱德河控制西部各航道是不可能的。

首相致海军大臣及第一海务大臣：

西北航道不断出现重大损失，令人非常痛心。我迫切地希望，我们能像海军部处理磁性水雷那样，竭力解决这个问题。但在控制这些航道方面，我们似乎效率不高。毫无疑问，我方在抵御入侵方面耗费了太多驱逐舰，从而导致没有足够的兵力控制这些航道。请立刻上报这些水域内可用和已用的驱逐舰、反潜快艇、装有潜艇探测器的拖网渔船及飞机的所有装备情况。另外，谁负责安排这些舰艇的行动？是归普利茅斯的司令部和内史密斯海军上将指挥吗？如果你们把入口从南方迁到北方，到时候要面临的问题就是——把司令部设在普利茅斯合不合适？该不该在克莱德河新设一个一线指挥部或者内史密斯海军上将是否应该一同前往？不管怎样，我们都不能让这种情况继续下去。另外，南部地区的布雷工作进展得怎么样了？能否先短暂搁置这些工作，以便利用剩余时间驶进几批运输船队？当然，我也只是顺便提个建议。

只用一个航道系统往往会导致危险扩大。除非集中超出敌人预期的兵力加以保护，否则我们无法克服这些危险。很快，敌人也会学着把兵力集中到这里。这就好比之前在东海岸敷设水雷后，我们在莫里湾面临的局面。对此，我坚信海军部会挺身而出，但我们显然还需要强大的新动力共同面对这种局面。请早日回复。

1940 年 8 月 4 日

我提出的方案遇到了阻力。海军部接受了我在 9 月份提出的建议，同意将司令部从普利茅斯迁往北方，并合理地把设立一线指挥所的地点从克莱德河换成了默尔西河。但过了好几个月，海军部才建好必要的中心机构、作战室和周密的通讯网，同时还作了必要的临时改动。海军上将珀西·诺布尔爵士负责新司令部，并于 1941 年 2 月上任；该司令部人数众多，规模在不断扩大。此后，利物浦便成了我们最重要的军港。此次迁移的必要性和优势获得了大家的一致认可。

到 1940 年年底，进口额骤减的情况让我越来越担心。这是敌方潜

艇袭击造成的又一后果。我们既损失了船只，而且我们为了避免损失采取的预防措施又影响了全部的商船贸易。如今，供我们使用的几个港口已经拥挤不堪，所有船只的港内周转期和航行期都被延长。进口问题是我们面临的最后考验。截至 6 月 8 日那一周，适逢法兰西战役最激烈的时刻，我们成功进口了超过一百二十万吨的货物（石油除外）。而到 7 月底，每周的进口额又降到了七十五万吨以下。虽然 8 月份进口额大幅提高，但每周的平均进口额再次下跌。同年最后三个月，每周进口额只有八十万吨多一点。

首相致海军大臣及第一海务大臣：

　　请仔细调查哈利法克斯运输船队遭遇的又一波灾难。约一周前，我们听说敌方埋伏在这些航道上的潜艇多达十三艘。那让这批运输船调头驶往明奇海峡不好吗？由于天气恶劣，出国的船队面临延期，回国船队的护航舰也不能及时抵达危险海域提供掩护，那么调头驶往明奇海峡岂不是上策？

1940 年 12 月 3 日

首相致财政大臣：

　　我们在爱尔兰不仅蒙受了严重的船舶损失，还不能使用当地的港口，这给我们带来了很大的航运和财政负担，因此，请务必召集会议，讨论采取哪些措施可以减轻负担。此次需要参会的大臣有贸易大臣、航运大臣、农业大臣、粮食大臣及自治领大臣。如果大家原则上意见一致，那就请尽早拟订总计划并确定日程表和行动方案。当前，外交和国防方面的问题不必考虑，可延后处理。拟订切实可行的妥善方案才是首要任务，请确保内容充实以便情况能更利于我方。

1940 年 12 月 5 日

首相致运输大臣:

收到你于 12 月 3 日发来的有关钢的来函,非常感谢。希望你积极采取必要措施,以推行来函中的各项提议。

在当前形势下,各公司因为推迟卸货而导致货车积压的行为,在我看来是不能容忍的。我们应当采取措施阻止这种行为。

事实表明,2 月所有非石油运输船在利物浦的平均周转期为十二天半,到了 7 月增加为十五天,到了 9 月竟增加到十九天半;而在布里斯托尔则从九天半增加到十四天半;但在格拉斯哥却一直保持在十二天。看来,改善上述时间问题对整体局势来说是最为重要的。

1940 年 12 月 13 日

首相致运输大臣:

我发现,九十月份石油的进口额只有五六月份的一半,而且只满足了国内三分之二的消耗量。事实上我们并不缺运油船,而石油进口额之所以减少,是因为南部和东部海岸部分地区禁止运油船入港,从而迫使大部分运油船停靠在克莱德河,其他则停靠在诺瓦斯科夏的哈利法克斯港。最近,一些运油船能够驶往南部和东部海岸,这才使得 11 月份的石油进口额有所增加。

从你的前任对我 8 月 26 日备忘录的答复来看,我得知他对从西海岸港口进口石油的各项准备工作很满意,但他似乎并未实现自己的预期计划。

要想应付这种局面,我们可以遵循两种方针:要么,让运油船冒更大风险从南海岸和东海岸的港口驶入,以增加目前的进口量;要么,继续使用已有库存,待西海岸处理石油的设施准备就绪后再加以补给,同时容忍由此带来的不便。希望你能与海军大臣商量如何落实这两种方针。

本备忘录副本已另送海军大臣。

1940 年 12 月 13 日

首相致第一海务大臣：

请写一份有关美国驱逐舰情况的详细报告，并列明它们的不足之处和我们目前还能利用的细微优势。望你能尽快将报告送来，以供参考。

1940 年 12 月 14 日

首相致海军大臣及第一海务大臣：

关于从出口运输船队的船只上弹射消耗性飞机一事，你们做了哪些安排？我听说，有一项计划是从运油船上弹射这种飞机，而且几乎每支运输船队都是有几艘运油船的。这类飞机可以攻击"福克·沃尔夫"式飞机，然后在海上降落。我们会把驾驶员从海上救起来，至于是否需要抢救飞机，则视情况而定。

你们对这个计划有什么看法？

1940 年 12 月 27 日

我们会在后面谈到这个计划取得了成效。早在 1941 年初，飞机生产部就已研制成功这种能弹射战斗机去袭击"福克·沃尔夫"式飞机的船只。

首相致运输大臣：

据说，我们的航运能力之所以降低了五分之二，是因为船只在国内港口周转时浪费了太多时间。现在，既然我们在默尔西河和克莱德河停靠了这么多船，那就不得不考虑，它们遭遇敌人袭击的危险会越来越大。这看来是我们整个战线中最危险的环节。

请来函说明：

1. 现实情况。

2. 你目前在做什么，打算如何处理这个问题？

3. 你需要哪些援助？

1940 年 12 月 27 日

首相致海军大臣：

到目前为止，这些引诱潜艇的船舶在战争中的表现，让人大失所望。海军部应该考虑能否把它们用到别处。我想船上一定有不少技术老练的海员。请开一份清单列明这些船舶的吨位、速度等。另外，请告知它们巡航时能否搭载军队或运载军需品。

1940 年 12 月 29 日

*   *   *

本来我们就承受着巨大压力，所以爱尔兰拒绝我们使用其南部各港口的做法让我非常愤怒！

首相致财政大臣：

鉴于爱尔兰的行动让我们陷入了困境，我们不得不重新考虑（对爱尔兰的）提供补助金的问题。我们不应该说出"只要一息尚存，就会为他们提供补助金"这样的话，而应当用这笔钱去建造或者向美国购买更多的船只，因为在布罗迪—福兰德附近海面我们的船只蒙受了巨大损失。

请告诉我该如何停止这些补助金，爱尔兰人在财政方面又会采取哪些报复措施。要知道，我们并不担心他们切断我们的粮食供应，因为这样一来，我们就没必要再通过由德·瓦勒拉协助建立的德国封锁线，向爱尔兰运送大量肥料和饲料。眼下，你不必逐个列举这个行动的利与弊，只需说明我们在财政方面能做些什么，以及行动可能带来的后果。希望你明天能给我答复。

1940 年 12 月 1 日

首相致伊斯梅将军，转参谋长委员会：

我给你和三军各参谋长每人发了一份关于爱尔兰的文件。财政大臣也表示同意我的做法，我们会在简短通知后停止向爱尔兰拨付补助金。

现在，我们必须考虑这种做法会在军事上产生什么影响。如果爱尔兰人允许德国人驶进他们的港口，那么会引起爱尔兰人民的分裂，我们也必然要阻止德国。爱尔兰会寻求中立，同时也会因此卷入战争。既然我们可以中断英格兰和南爱尔兰之间的电讯联系，那爱尔兰撤除各种电讯和警戒设施，又有什么关系呢？既然潜艇每次出海可航行三十天左右，而且影响潜艇继续航行的因素不是燃料给养不足，而是船员归家心切、潜艇需要修理，那么他们让德国潜艇到爱尔兰西海岸的港口去补充燃料和给养，又算得了什么呢？请告诉我你们对这些问题的看法和想到的其他问题。

1940 年 12 月 3 日

我认为最好让这个政策获得罗斯福总统的认可。

前海军人员致罗斯福总统：

我们最担忧的还是北大西洋的运输问题。希特勒势必会加派潜艇和飞机袭击我方护航队，而且袭击范围也会逐步深入到大西洋。由于我们不能使用爱尔兰的港口和机场，所以我方小型舰队已经被当前困难折腾得精疲力竭。截至目前，贵国那五十艘驱逐舰中还能战斗的也不过区区几艘，但它们

已停航太久，一遇到大西洋风浪，自然会出现很多问题。我正在作一份更详尽的技术性报告，并试着了解如何修复和改进旧式驱逐舰，以便它们能胜任当前的任务。这个报告对你方的旧式小型舰队也许还是有用的。

同时，海上的作战已经让我们吃不消了，所以无法再像以前那样，冒着敌人的袭击把四十万吨饲料和肥料运往爱尔兰。我们需要用这批物资来供应自己，同时也不再需要爱尔兰给我们运送粮食。现在，我们必须集中精力解决最根本的问题。内阁建议我们通知德·瓦勒拉：基于目前的种种情况，英国不会再继续补助他们。当然，他们的粮食足够供应国内民众，但要想继续维持当前这样繁荣的贸易可就难了。对此我感到很抱歉，但我们不得不为自身生存做打算，也不得不把这些千辛万苦得来的物资用在刀刃上。这样一来，我们或许就能松一口气，瓦勒拉也能更好地考虑共同利益的问题。如果我们被迫用这批物资供应大不列颠，请私下告诉我您会作何反应。在当前环境下，我们也无法像以前一样，继续为爱尔兰的农业生产者提供大量补助金。您也会发现，当德·瓦勒拉以一副怡然自得的旁观态度，眼睁睁地看着我们陷入困境时，我们竟还冒着飞机和潜艇的袭击为爱尔兰运送补助，这让英国商船的海员和公众都愤愤不平。

1940 年 12 月 13 日

* * *

12 月的一个晚上，我在楼下作战指挥室召开会议，出席会议的只有海军部成员和水手们。与会人员都很清楚，各种危险和困难已经严重恶化。我回想起了 1917 年 2 月和 3 月的局势：当时，虽然皇家海军全力以赴，但代表我方被德国潜艇击沉的舰艇数量的曲线平稳攀升，这导致人们怀疑盟国究竟还能坚持几个月。而海军部提出的计划证明了当前的危险，此外再没有比这更让人信服的例证了。因此，我们必须不惜一切代价，集中压倒性优势开辟一条通向海上的出路。为了实现这个目标，海军部提议从连通默尔西河和克莱德河的英吉利海峡北部面向大海的一端，一直到水深达一百英寻的北爱尔兰西北部水域的航线上，地毯式地敷设一层水雷。这个水底雷区宽三英里、长六十英里，从沿岸水域一直延伸到开阔的大洋地带。如果这是唯一的办法，那么就算严重影响前线作战，我们也要把所有可用炸药通通用到这个任务上来，而且重点是要敷设一层地毯式的水雷。

下面，我来解释一下方案的实施过程。首先，要把数千枚触发水雷固定在海底，使其与海面的距离保持在三十五英尺以内。这样一来，在这条航道上，我方任何返回国内或出国作战的船只，都能在保证船只的龙骨不触碰水雷的情况下平安出入。然而，德国潜艇要是闯入这片雷区，则会被立刻炸毁；要不了多久，他们就会懂得知难而退。这种防御措施已经是我们能做到的极限了，不管怎样总好过束手无策。这也是我们的最后一步棋了。当天晚上，我初步批准了详细方案，并做出相关指示。虽然这个方案意味着潜水员不需要操心其他事情，管好自己的通气管就行，但事实上他们还有其他任务。

同时，我们命令皇家空军海岸司令部控制默尔西河和克莱德河河口以及北爱尔兰周边地区。我们必须一丝不苟地完成这个任务，将其视为重中之重，轰炸德国还是其次的。另外，务必要集中所有适用的机械设备、飞行员和器材来阻击敌人，用战斗机来对付敌人的轰炸机，而位于以上狭长地带的海面舰艇则在轰炸机的协助下向敌军潜艇发起攻击。为此，我们搁置、推迟甚至撤销了很多重要计划，就是要不惜一切代价赢得喘息机会。

在接下来的几个月，我们即将见证这场战役的胜利过程，包括海军和皇家空军海岸司令部的反击作战取得了何种程度的胜利；我们是如何掌控各个出海口的；我们的战斗机是如何击落敌军的"亨克尔111"式轰炸机的；以及我们如何在险被敌军潜艇扼杀的海域反将他们扼杀。在这里我们只需要说明其中一点就够了，即由于皇家空军海岸

司令部赢得的胜利，我们已经不需要再敷设地毯式水雷了。在我们的战时经济因为敷设水雷蒙受重大损害前，各种不健全的防御思想和计划通通撤销，我们又一次凭着锐利的武器扫清了通向自家小岛的航道。

第二章

TWO

沙漠大捷

西迪拜拉尼之战的胜利——齐亚诺的日记——墨索里尼的反应——我对意大利人民的广播——"一个人，只是那个人有罪"——埃塞俄比亚的起义——试图挽救维希——解放吉布提的计划："玛丽"作战计划——英王的一封手谕——大不列颠民族和帝国的荣誉——自由的旗帜飘扬

伟大的行动开展之前，往往是度日如年。不过可以通过处理其他紧急事务进行补救，而且就当时而言，紧急事务也的确不在少数。听说我们的将领将要采取攻势，我对此十分满意，也不会过分担心结果。其实，我很不愿意把军队浪费在肯尼亚、巴勒斯坦以及维护埃及的国内治安上；不过肩负这一重担的部队威名赫赫，其军官和士兵也都是训练有素的专业人员，我对他们卓越的品质深信不疑。对此，艾登也是满怀信心，尤其相信指挥作战的威尔逊将军；但是不管是在一战之中还是现在，他们都是在"绿夹克"① 部队作战。与此同时，除了少数几个知晓内情的人之外，我军还有许多可做的事。

此次沙漠攻击的形势极其复杂，因此所有的参战部队均已对其将承担的特殊任务，进行了长达一个月甚至更久的演习。作战计划的具体细节由威尔逊中将和奥康纳少将负责制订，韦维尔中将也会时常亲临视察。实际上，仅有为数不多的军官了解计划详情，而且对于此事，文件上几乎只字未提。为了确保出其不意，我们还设法让敌人产生错觉，误以为我军实力已因增援希腊而大大削减，并且正计划继续撤退。

---

① 指来福枪旅和英国皇家来福枪旅。

经历了沙漠的风吹日晒，士兵们个个身形消瘦，面目漆黑。12 月 6 日，约有两万五千名士兵，携带着完全机械化的装备，紧急行军四十多英里。为了不被意大利空军发现，他们第二天一动不动地蜷伏在沙漠之中。12 月 8 日，他们又日夜兼程，直到当夜，他们才初次被告知，此次行动并非沙漠演习，而是实战。9 日拂晓，西迪拜拉尼之战的序幕正式揭开。

随后四天，在面积相当于约克郡那样大的一个地区，敌我双方展开了错综复杂的战斗；对此，我就不详加赘述了。总之，一切进展顺利。上午 7 时，某个旅对尼贝瓦展开进攻，仅用一个多小时就将其攻克。我军于下午 1 时 30 分开始进攻图马尔军营，等到夜幕降临，我军几乎攻占了整个营地，且大部分守军被俘。与此同时，通过从西面切断地中海沿岸公路，第七装甲师成功孤立了西迪拜拉尼；而驻防马特鲁港的部队，包括科尔斯特里姆卫队在内，也已准备妥当，待命出击。10 日黎明时分，在海军强大火力的掩护下，他们对意军前线阵地发动袭击。战斗持续了整整一天，等到晚上 10 时，科尔斯特里姆卫队指挥部报告指出：当前俘虏太多，已经无法清点，"军官差不多要用五英亩土地才能容纳，士兵则需要两百英亩"。

当时我住在唐宁街，每隔一小时，就会收到他们从战场发来的最新消息。虽然难以获悉非常详细的作战情况，但总体战况还是很好的，我印象最深的是，收到一位第七装甲师的青年军官从一辆坦克里发来的电报，他说："已经抵达布克·布克的第二个战场。"11 月 10 日，我向下议院发出通告：沙漠中战争还在激烈地进行着；我军已俘虏敌军五百名，并击毙意大利将官一名；我军已抵达海岸。"战争还在进行中，要想估计其范围或结果，都为时尚早。但是，我们至少已经能说，初步阶段已取得成功。"当天下午，我军攻占了西迪拜拉尼。

自 12 月 11 日起，我军的主要作战任务是乘胜追击意大利的逃兵，此次任务主要由第七装甲师、英国第十六步兵旅（乘坐摩托车）和与第四英印师换防的澳大利亚第六师执行。12 月 12 日，我向下议院宣告，大不列颠和大英帝国的部队掌控了布克·布克和西迪拜拉尼周边的全部海域，并且七千俘虏已被送至马特鲁港。"我们还不知道有多少意军已被我军包围，但是，正常来说，意大利至少失去了三个师的精锐部队，其中包括大量的黑衫党成员，他们不是被击毙，就是被俘虏。如今我军还在一鼓作气继续向西追击逃兵。空军在进行轰炸，海军也在向敌人逃跑的主要公路开火。另据报道，又抓了大量的俘虏。"

同时，现在就估计这些军事行动的规模还是太早了。很明显，他们在非洲战场上所取得的胜利，是立下了一等大功，是军人的最高荣誉，如果没有阿奇博尔德·韦维尔爵士以及亨利·梅特兰·威尔逊爵士等参谋人员做出的这一极端复杂的军事行动计划，没有战士们以惊人的毅力和勇敢来执行这一行动，也就不会有今天这么非凡的战绩。其实我们对整个事件的评判应该基于这样的事实背景：仅在三四个月之前，我军还极度担忧埃及的防卫问题。而现在这些忧虑都已一扫而空，英国曾经做出承诺，全面抗敌，保卫埃及，如今一切收效甚好。

12月12日，我们在西迪拜拉尼之战中取得最终胜利。实际上，这多亏了韦维尔主动做出的一个决定，英明且勇敢。他没有把刚替换下来的第四英印师留在战场上作为总后备队，而是立即将其派往厄立特里亚地区，协助第五英印师，在普拉特将军指挥下发动埃塞俄比亚战役。该师一部分军队直接乘船前往苏丹港，另一部分则乘火车再换船溯尼罗河而上。其中有一部分士兵几乎是直接从西迪拜拉尼前线赶往他们的登船地点，到达七百英里以外的战场后，又迅速投入战斗中。12月底，首批部队到达苏丹港，1月21日所有部队安全抵达。1月19日，意军撤出卡萨拉，逃往克伦，该师对其进行追击，在克伦遇到敌军主力的抵抗。我们能预见就算有第四英印师和第五英印师两个师的协助，普拉特将军在克伦的战斗任务依然艰巨。好在韦维尔将军有先见之明，否则不但克伦之战的胜利难保，就是埃塞俄比亚的解放也会遥遥无期。北非沿岸和埃塞俄比亚最近的事态演变证明总司令对形势的轻重得失和周围情况的判断是多么正确。

*　　*　　*

我迫不及待地想向付出努力的相关人士表示祝贺，并希望他们不遗余力地乘胜追击。

前海军人员致罗斯福总统：

我军赢得了利比亚的胜利，我相信您会为此感到高兴。如果我们能把握好战机，此次胜利，加上意大利在阿尔巴尼亚的失败，墨索里尼的日子就不是那么好过了。我们尚未获悉战役的全部结果，但是，如果意大利溃败，我们就会更有希望赢得战争。

1940 年 12 月 13 日

丘吉尔先生致澳大利亚总理孟席斯先生：

我深信，对于大英帝国军队在利比亚战场获得的辉煌胜利，您也会感到欢呼雀跃。我军取得了此次胜利，外加意大利在阿尔巴尼亚的失败，墨索里尼可谓陷入困境了。曾记得，在几个月以前，我都还不敢保证在尼罗河三角洲和苏伊士运河的保卫战能否取得胜利。那时，面临着敌军即将入侵本土的威胁，我们依然冒着极大的危险，支援埃及，绕航好望角向其运送军队、坦克和大炮，但现在看来，这一切都是值得的。我们正计划集合中东地区强大的陆军和庞大的海军，代表大英帝国对抗德国。同时，如有必要，可以在您的指挥下向东进军。只有加倍努力才能取得成功。祝您一切顺利。

1940 年 12 月 13 日

首相致韦维尔将军：

我在此衷心祝贺你不负众望，取得如此辉煌的战绩。在

完成这项艰巨任务的过程中，参谋出谋划策，陆军英勇执行，我在下议院谈及此事时，四座欢声雷动。一旦一切尘埃落定，英王将致电以示嘉奖。同时，请允许我向你和威尔逊将军致敬，并表示我衷心的感谢。

诗人沃尔特·惠特曼说，每一个成功的果实，无论它是多么圆满，都将带来新的问题，这需要我们投入更大精力去解决。取得战争胜利后，追击敌人自然就成了你心中最需要解决的问题。胜利的一方精疲力竭时，也是他们从失败的一方获得最大的补偿之时。意军在利比亚的战败是唯一能使墨索里尼感到害怕的事情了。你可能已经考虑过在意大利领土占领几处港口，再用舰队运送你所需要的一切人员和装备到这些港口，将这些港口作为新的据点，沿着海岸追击敌人，直到遇到强大的抵抗为止。意军看起来就像是成熟的谷物，等我们用镰刀去收割。请尽快告知我你的想法和计划……

等你完成非洲海岸的战事，我们就能从一个新的角度来看待整个战争的形势，几个大好机会正摆在我们面前。

1940 年 12 月 13 日

到 12 月 15 日，已肃清在埃及境内的敌军。大部分滞留在昔兰尼加的意军已经撤退到了拜尔迪耶的防御阵地，孤立无援。西迪拜拉尼之战的第一阶段宣告结束，敌军五个师大部分被歼灭。我军俘虏敌军三万八千余名。而我军则阵亡一百三十三人，受伤三百八十七人，失踪八人。

首相致韦维尔将军：

为了大英帝国，为了实现我们的目标，尼罗河兵团做出了巨大的贡献，我们已经在各个方面取得了很大的胜利。我们非常感谢你和威尔逊将军以及其他的司令官们的付出，是你们优秀的军事技术和大胆无畏的领导为我们赢得了利比亚

沙漠的巨大胜利。现在，你们的当务之急肯定是粉碎意大利陆军，并竭尽全力将其逐出非洲海岸。之前知道你们有进攻拜尔迪耶和托布鲁克的计划，现在又获悉你们攻占苏卢姆和卡普措的最新消息，我们感到非常高兴。我深信，你只有在确定战事无任何进展之后，才会放弃主要目标，转而在苏丹或多德卡尼斯群岛采取次要行动。苏丹至关重要，而且非常容易占领，还可节省两个印度旅（即第四英印师）而不致影响利比亚的追击战。稍后再开始进攻多德卡尼斯群岛的话，不至于增加困难。但是，这两个任务都不能影响我们进一步追击意军主力的最高任务。当然，我远离战场不能对特殊情况妄下判断，但我认为，拿破仑的名言"击溃主力，其余便迎刃而解了"，有可取之处。我必须重申我在上一封电报中提出的主张：进行两栖作战并在敌后登陆，有利于斩断敌军分遣部队，以及有助于我军由海上运送物资和军队。

朗莫尔对皇家空军调度有方，又极力配合陆军作战，请转达我对他的敬意和祝贺。我希望大部分新型"旋风"式战斗机已安全到达他那里。请转告他，"狂暴"号正在装载更多的可从塔科拉迪起飞的飞机。他也将得到"超额"（行动计划）运去的那批飞机。这两批飞机都将于1月初抵达。

1940 年 12 月 16 日

首相致韦维尔将军：

《马太福音》第七章第七节。

"你们请求，会得到满足。你们寻找，就会有结果。你们叩门，就会给你们开门。"

1940 年 12 月 18 日

韦维尔将军致首相：

《雅各书》第一章第十七节。

"一切美好的赠予，一切完善的恩赐，都是从天而来，从
上帝那里降下来的，有上帝的存在，一切不会发生改变，不
会有转动的阴影。"

1940 年 12 月 19 日

＊　　＊　　＊

　　我们的下一个目标是拜尔迪耶。意军另外四个师的兵力大都驻守
在它周围十七英里的范围之内。其防御工事由一连串的反坦克壕和铁
丝网构成，每隔一段会有一座混凝土碉堡，其后还有第二道防御工事。
因此，对于如此强大坚固的阵地，想要摧毁，则需精心准备。第七装
甲师负责阻止敌人往北和西北方向逃跑。而负责进攻的军队包括：第
六澳大利亚师、英军第十六步兵旅、皇家坦克团第七营（配有二十六
辆坦克）、一个机枪营、一个野炮团以及一个中程炮团。

　　我不说新年了，先把沙漠中的这场胜利说完。1 月 3 日清晨，我
军发起进攻。在密集的炮火掩护下，一个澳大利亚营在西部防线成功
抢占一个据点。在他们身后，工兵冲进了反坦克壕。两个澳大利亚旅
乘胜追击，横扫东部和东南部战线。那时，他们唱着一首从美国电影
中学来的歌曲，后来这首歌很快也在英国传唱开来：

　　　　你听说过那位巫师吗？
　　　　绿野仙踪里的那位巫师，
　　　　是一位非常厉害的巫师，
　　　　如果世间真有巫师的话。

　　这首歌总让我想起那些充满希望的日子。等到 4 日下午，在步兵
的支援下，英国坦克，即所谓的"马蒂尔达"，成功攻入拜尔迪耶；5
日，敌方守军全部投降。我军共俘虏四万五千人，缴获大炮四百六十
二门。

　　1月6日，托布鲁克被第七装甲师切断了交通；翌日，先锋部队澳大利亚旅抵达其东部防线。这条环形防线长达二十七英里，与拜尔迪耶的防御阵地相似，只不过许多地方的反坦克壕深度不够，无法发挥作用。其驻防部队包括一个完整的步兵师、一个军指挥部以及从前线阵地撤回的大量残余部队。然而，直至1月21日，在强大的炮火掩护下，另外一个澳大利亚旅冲破其南部防线，我们才得以发动进攻。该师的其余两个旅来到临时构筑的桥头阵地，向左右两翼挺进。傍晚时分，防御阵地的三分之一已被我军占领；翌日凌晨，敌军停止一切抵抗。我们共俘虏敌军近三万人，缴获大炮两百三十六门。在五个星期之内，我军沙漠兵团在缺水缺粮的沙漠地带行军超过两百英里，攻下两座防守坚固的港口，俘获十一万三千名敌军，缴获七百余门大炮。曾几何时，实力强大的意大利陆军入侵并企图征服埃及，如今却已溃不成军。只不过由于距离和补给的巨大限制，英军只得停下其向西推进的脚步。

　　在这些战斗过程中，舰队提供了有力的支援。拜尔迪耶和托布鲁克依次遭到舰队的猛烈轰击，舰队的航空兵在陆战中发挥了巨大作用。海军除了为运送军事人员进入被占领的港口提供极大的便利外，更重要的是每天还为陆军先头部队输送三千吨补给，以支援陆军的前进。陆军获胜的很大原因在于皇家空军比意大利空军更加优秀。我方空军虽然在数量处于劣势，但是，我们的飞行员英勇善战，在士气上完全压制了敌人，从而享有空中活动的自由。我们对敌人机场的袭击收获颇大，后来发现，被击毁和抛弃的敌机达数百架之多。

＊　　　＊　　　＊

　　观察敌军的反应，往往是件有趣的事。读者都已经熟知齐亚诺伯爵了，但对软弱之人不必太过苛责，这种人是容易受金钱和权势的诱惑而误入歧途的。那些成功地抵制了这些诱惑的人，可以名垂千古。当齐亚诺被墨索里尼的行刑队处决时，他已经偿清了他所有的债。坏

人也是因人而异。

然而，我们千万不能这样想：宁可当一个罕见的大反派，也不愿成为齐亚诺，或是成为千千万万的齐亚诺的影子。我们读到了齐亚诺每天写下的日记。其中有几则，内容如下：12月8日：没有新的事情。12月9日：密谋攻打巴多格里奥。12月10日："英军进攻西迪拜拉尼的消息像是晴天霹雳。起初战况似乎并不严重，但格拉齐亚尼随后发来的电报证明，我们惨遭失败。"当日，齐亚诺曾两次拜见他的岳父，觉得他的岳父还很镇静。"他抛开个人立场，以客观的态度评论这件事……更为关注格拉齐亚尼的威望。"11日，罗马核心人物已经了解到意军的四个师已经被歼灭，而更糟糕的是，格拉齐亚尼的关注点只是放在敌人的勇敢和策略上，而不是他的军队要采取怎样的反攻策略。墨索里尼还保持镇定自若。"他认为，每次战争我们不可避免地要经过许多痛苦的日子，才能迎来战争的转折点。"如果英军止步于边境，那情况就不会再恶化了。相反，如果他们挺进托布鲁克，"那情况就不妙了"。晚间，墨索里尼获悉，在两天之内五个师都"被粉碎了"。显然，这其中必然出了差错！

12月12日，格拉齐亚尼发来一封"灾难式电报"。他打算一直撤退到的黎波里，"至少为了让国旗能在那个堡垒上方飘扬"。隆美尔受墨索里尼的影响过大，才迫使格拉齐亚尼冒这么大的危险去攻击埃及，对此，格拉齐亚尼感到很气愤。他抱怨道，他是被逼迫去打一场"跳蚤与大象"的战斗。显然，跳蚤已经吞下了大半个大象。15日，齐亚诺本人绝不相信英国人到达边境会就此罢休，他把他的这个看法写在日记上。格拉齐亚尼违反军队的规定，强烈地谴责他的上司。而墨索里尼回复了一句可以说是相当公道的话："这又是一个我犯不着对他生气的人，因为我瞧不起他。"他仍然希望，英军至少能在德尔纳就止步不前。

* * *

我每天都向议院报告我们在沙漠中战事的进展，12月19日，我就整个战局发表了一次长篇讲话。我谈及如何改进我们本土的防御工作，并请大家提高警惕。我们预计，敌人的空袭仍将继续；政府在国内的当务之急是做好防空洞的安排，改善卫生设施，以及竭尽全力改善极其糟糕的环境，让人们在夜间得以休息。"防空大队、内政部和卫生部与在利比亚沙漠中追击意军的装甲部队一样，也是在前线作战，任务紧迫。"关于在大西洋损失的船舶，我认为也有必要提出警告。"船舶损失率依然使人忧虑不安；虽说情况不像1917年最危急的时候那么糟糕，但是，我们仍应认识到，我们在一年以前似乎已经控制住的危险，也有可能重现。今后，我们应当不断加强我们的防御力量，其中包括小型舰队和其他防御方法。但是，我们必须把对付敌方潜艇以及现在正在袭击我军的远程轰炸机，以保持我们与外界联系的这条航道畅通无阻，作为我们一切军事任务中的首要任务。"

* * *

我觉得已经是时候通过广播对意大利人民发表演讲了，所以，在12月23日夜，我向他们提起英意两国长期的友好情谊，而两国此刻却在开战。"……我们的军队正在粉碎并且一定会粉碎你们在非洲的军队……这一切是怎么产生的呢？这一切是为了什么呢？"

意大利的人们，让我来告诉你们实情。这一切是由一人造就。就是那个人把意大利人民卷入了对大英帝国的你死我活的斗争中，并且使意大利失去了美利坚合众国的同情和友谊。我不否认他是一个伟大的人物，但毋庸置疑，他在毫无约束地执掌大权十八年之后，将你们的国家带到了可怕的毁

灭边缘。也就是这个人，违背意大利国王和皇室的意旨，违背教皇、罗马教廷和罗马天主教会的宗旨，违背了意大利人民的意愿，他们根本就不想打这场战争，他使古罗马的继承人和后裔与凶恶残暴的异教徒为伍。

我宣读了我出任首相时致墨索里尼的信以及他在 1940 年 5 月 18 日给我的回信，接着，我又说道：

这位领袖独揽大权十八年之后，把信赖他的子民领向何方了呢？现在他们面临的选择是多么的艰难啊！要么，遭受整个大英帝国在海上、空中和非洲地区的炮轰，以及抵抗希腊民族的猛烈反攻；要么，从勃伦纳山口请阿提拉率领一群贪婪的军队和一批德国纳粹的秘密警察来占领、镇压意大利人民。他以及他的纳粹党羽毫不忌讳地谈及对意大利民众的极度蔑视，这种蔑视程度之深，在其余种族间史无前例。

正是那一个人让你们陷入了现在这种境地。但意大利民族能再次改变自己的命运，我相信那一天一定会到来，到那时我会娓娓道来，讲述你们演绎的故事。

奇怪的是，在同一天，墨索里尼对齐亚诺谈到意大利陆军的士气时说："无论如何，我得承认 1914 年的意大利士兵素质要比现在的好。这不是夸赞那时的制度，只不过讲实话罢了。"第二天，他望着窗外下起的雪说："这场雪和寒冷的天气对我们大有裨益，可以促使这些不中用的意大利士兵，这个平庸的民族，有所改进。"墨索里尼原本认为大英帝国是个落后的国家，但进行了六个月的侵略战争之后，意大利陆军在利比亚和阿尔巴尼亚被英国打得落花流水，这一切强烈地折磨着这个恶人的心，所以才会发出如此痛苦的感触。

*　　*　　*

这一时期局势并未稳定，因而采取任何举动都必须事先做好充分的准备，这样一来，我们才能应付自如。我们在利比亚所取得的胜利已经激起了意军在埃塞俄比亚战场的反抗。我热切盼望海尔·塞拉西皇帝能如愿重返故国。外交部认为这一步骤为时尚早。我听从了新任国务大臣的意见，但是也没延期多久，皇帝甘愿冒一切危险，不久便回到他的国土了。

（即日行动）
首相致外交大臣、伊斯梅将军，并转参谋长委员会：

　　看来，我们应尽一切努力实现埃塞俄比亚皇帝的愿望。我们已经禁止我们的军官进入盖拉族地区，这一点我能理解。只是雇用几个营埃塞俄比亚逃兵来筑路未免可惜，这些人也许可以煽动起义造反的。我们在肯尼亚的军队有六万四千人，但完全处于安静状态，他们当然能代替这些筑路者。首先，我极力赞成海尔·塞拉西回到埃塞俄比亚。无论埃塞俄比亚各部落之间存在着怎样的分歧，但毫无疑问的是，皇帝的归国足以表明，起义的声势大振，并且能与我们在利比亚取胜的传闻紧密联系起来。

　　若能代我草拟一封复函致埃塞俄比亚皇帝以示同意，我将不胜欣喜。

1940 年 12 月 30 日

首相致外交大臣：

　　大家觉得最好由埃塞俄比亚皇帝自己做出判断，何时可冒生命的危险归国复位。你在备忘录中说，我们是"在惊慌失措时被迫采取时机不成熟的且可能招致灾祸的行动"。我一

点也不希望在"惊慌失措时"采取行动，但是，我想知道为何埃塞俄比亚皇帝在几个月内无任何行动。我希望发给他的电报需要再强调一下此事，而发给迈尔斯·兰普森爵士的电报则应更加明确地指出此事。不过，这只是些需要强调的事情。

如果我们的战事进展顺利（很可能会如此），那如何保证海尔·塞拉西复位，以及如何看待意大利在东非战场的局势，这个问题引起了外交部的关注。今天早上听你谈及此事，我感到很高兴。

1940 年 12 月 31 日

*　　*　　*

最后，我最希望的是能给维希政府一个机会，让他们从这些有利的事态变化中获益。战争不是发泄愤怒情绪的方式。其主要的目标必须压倒一切令人烦恼的次要因素。几个星期前，参谋长委员会和陆军总参谋部准备派出一支由六个师组成的远征军，当时如果法国表示同意的话，就在摩洛哥登陆。我们的有利条件是加拿大驻维希的代表迪皮伊先生可以帮助我们，与贝当元帅联系。须将此事告知美国；因为我已经感到总统对丹吉尔、卡萨布兰卡，甚至非洲的整个大西洋海岸的关注。美国军事当局认为，如果德国把这条海岸线作为 U 型潜艇的基地，则将危及美国的安全。因此，在获得参谋长委员会和战时内阁的一致同意后，由迪皮伊先生亲自把以下的函件送交维希政府，并由外交部通知我们驻华盛顿的临时代办。

首相致贝当元帅：

1. 不管法国政府在何时决定进军北非，或从那里重新发起对意大利和德国的进攻，我们都愿意派出一支拥有六个师的装备精良的强大远征军，前往援助摩洛哥、阿尔及尔和突

尼斯地区。一旦运输和登陆设备准备就绪，这几个师即可出发。目前，我们在英格兰有一支庞大的、装备齐全的陆军，以及大量受过良好训练的后备部队。中东的形势也日见好转。

2. 英国空军现在已开始壮大，能够提供强有力的援助。

3. 英法舰队将再度合作，双方共同使用摩洛哥和北非的基地，以确保对地中海的控制。

4. 我们愿意与贵军指派的任何军事代表举行最机密的参谋会议。

5. 另一方面，延误时机是危险的。德国人随时可能用威胁或利诱的方法从西班牙借道南下，破坏我们在直布罗陀的锚地，他们将有效地控制海峡两岸的炮台，并在机场驻扎他们的空军。他们一贯喜欢搞突然袭击，如果他们在摩洛哥海岸站稳脚跟，那我们所有的希望就破灭了。如果我们不做好准备共同策划并大胆行动，那局面可能随时恶化，希望也将破灭。最重要的是，法国政府要意识到我们有能力且愿意为其持续不断地提供强有力的援助。但是，若耽误了时机，我们就无能为力了。

1940 年 12 月 31 日

另外，一封内容相似的信交由其他人送达在阿尔及尔担任总司令的魏刚将军手里。目前还没有收到任何一方的回信。

*　　*　　*

我们之前做了大量的工作和计划，其中的大部分已做好了安排和准备，并已在原则上获得批准。到了这个阶段，我们要回过头来检查一番。第一，当然是本岛防御外敌入侵的工作。到目前为止，我们将近三十个精锐的机械化师已经全副武装，虽然不一定每个师都达到最高标准；其中大部分是正规军，他们都受过长达十五个月高强度训练。

所以我们认为除了驻防海岸的部队，再增派十五个师，就足以应付海外的入侵了。我们的国民自卫军现在已经有一百多万人，他们都有来福枪和一些子弹，其中不包括我们的后备部队。因此，一旦需要或是时机成熟时，我们可以派出十二个或十五个师发起海外攻势。增援中东的部队，尤其是增援尼罗河集团军的部队，已经从澳大利亚、新西兰和印度用船只装运或通过其他方式出发前往目的地。由于地中海仍然不能通航，这些运输船队和它们的护航舰需要经过漫长的航程，耗费数个星期的时间。

第二，如果维希政府或北非的法国人愿意团结一致，共同抗战，那我们已经准备好一支拥有六个师的远征军，再配备一部分空军，可以在摩洛哥的大西洋港口，主要是卡萨布兰卡进行登陆。德国人可能取道西班牙派遣同等数量和装备的军队，我们能否提前一步将这批援兵调到摩洛哥或直布罗陀对岸的休达，这取决于西班牙对德国的抵抗程度。但是，如果我们接到请求且同时也愿意的话，我们可以在卡迪斯登陆，支援西班牙。

第三，如果在德国的强大压力下，西班牙政府最终屈服，沦为希特勒的党羽或法西斯联盟的一员，那我们在直布罗陀的港口就起不了作用了，只有派出那个已经准备妥当的精锐的旅和四艘快速运输舰，去占领大西洋的一些岛屿。我们还有另一种选择，即如果葡萄牙政府同意的话，我们沿用1373年的英葡同盟条约以达成目标，"朋友和睦相处，敌人兵戈相见"，我们必须以最快的速度在佛得角群岛建立一个基地。这个作战计划命名为"开花弹"，可以使我们获得必要的空军基地和燃料补给基地，有助于海军控制绕航好望角的那段至关重要的航线。

第四，从英国派遣一个法国戴高乐旅，与西非的援军一道绕航好望角前往埃及，在情况许可时，占领吉布提（"玛丽"作战计划）。

增援马耳他岛的准备工作也在进行中，尤其是空军的增援（"绞盘"作战计划），目的在于重新控制西西里和突尼斯之间的航道。作为这一策略的一个重要部分，之前已打算派遣一个旅的特种部队，在

罗杰·凯斯爵士亲自指挥下，夺取潘特莱里亚这个小岩石岛（"车间"作战计划）。如果由于希腊局势的变化需要克里特岛的驻军增援，那就按照命令竭尽全力将该岛的苏达湾建设成一个坚固的海空军基地。为了更好地协助希腊陆军并袭击意大利，我们正在希腊建立机场，在必要时袭击罗马尼亚的油田。同样地，我们也正在土耳其积极扩建机场并向土耳其提供技术援助。

第五，我们用尽一切方法煽动埃塞俄比亚起义，并将一部分的兵力驻守在喀土穆，以便袭击位于白尼罗河的卡萨拉周边地区，以对抗埃塞俄比亚境内的大量意军带来的威胁。我们曾设想让陆军和海军互相配合，沿着东非海岸从肯尼亚向红海进军，将意大利的阿萨布、马萨瓦这两座设防的港口抢过来，最终抢占厄立特里亚。

这样一来，我就可以向内阁提交一个考虑周详、细致精密而又有充分选择余地的行动方案了，这样的方案能够迅速获批，一旦通过便可执行，痛击敌人；此外，我们一定能从作战中找到一些有效而又连续的海外进攻战术，即使作战的规模不大，也有利于我们1941年上半年的战争活动，在这期间，可以在人员、军火、飞机、坦克以及大炮各方面，不断地壮大我军主要的作战力量。

*　　*　　*

一整年的光辉和黑暗，都在年末鲜明地展现出来。我们不仅活得好好的，而且击败了德国空军，成功保卫了英国本岛，免遭敌人入侵。如今，英国本土的陆军已经非常强大。伦敦虽然经受了严峻考验，却依旧傲然屹立。一切与本土制空权相关的事宜，均已得到迅速改善。伴随着工厂里隆隆作响的机器声，整个大不列颠民族夜以继日地辛勤劳作，令我们重获新生，对此，我们深感宽慰和骄傲。利比亚沙漠上闪耀着胜利的光芒，大西洋彼岸伟大的共和国也即将履行它的义务，对我们予以援助。

就在这时，我收到了英王的慰勉手谕。

我亲爱的首相：

我衷心祝您新年快乐，并祝愿我们在来年能够结束这场战争。在逗留期间，我觉得体力日渐恢复；这对我帮助很大；环境的变化和户外运动也是一剂补药。然而，当每一个人都恪尽职守的时候，我认为我不应远离我的岗位。但是，我应将其视为治疗方案，希望回到岗位上时身体强健，精神焕发，重新以充沛的精力与敌人战斗。

我衷心希望值此圣诞佳节，您能从百忙之中抽空休息一下，我相信您会这样做的。我非常敬佩您作为首相在过去七个月中所付出的一切，以往每周一同共进午餐时，我们交谈甚欢。我期待着等我回来后，一切一如既往。

我希望下星期一能到谢菲尔德巡视。我可以在当天从这里直接前往。

再次为您祝福！

> 诚挚的国王乔治
> 桑德林汉姆
> 1941 年 1 月 2 日

我表示衷心的感谢。

陛下：

我很荣幸能收到陛下的慰勉来信。自从我出任海军大臣，尤其是担任首相以来，陛下和王后对于我的恩眷，是我获取力量和鼓舞的源泉，即使路途坎坷艰辛，我也有勇气为生存进行激烈斗争。作为君王的大臣，我曾在陛下的父亲和祖父在位期间任职多年，而我的父亲和祖父也曾在维多利亚女王统治下任职，但是，陛下待我如此亲切仁厚，完全超出了我的想象。

陛下，事实上，我们度过的这些日子，一点儿不亚于英国君主历史上曾经历过的最艰难、最严峻的日子，就连现在，摆在我们面前的仍然是一条艰苦漫长的道路。但每周能在那座惨遭轰炸的古老的白金汉宫共进午餐，我备受鼓舞，同时陛下和王后不惧危险不怕劳累，鼓舞了士气。这场战争使君王和人民的关系空前密切，你们比过去任何一个朝代的君王都更受社会各阶层人士的爱戴。在英国这个重要的历史关头，作为首相，我非常荣幸自己能担此重任，为陛下出谋划策，并为此感到自豪；在"拜尔迪耶日"我签署了一份文件，当天英勇的澳大利亚军队又俘获意军两万人，这预兆着我军的美好前景，未来充满希望，我们对此信心十足。

陛下的忠实臣仆　温斯顿·丘吉尔

1941 年 1 月 5 日

*　　　*　　　*

过去的一年里，我们经历了惊涛骇浪。我确信，在我们悠久的英吉利和大不列颠历史上，我们可以将其视作最为光辉灿烂的一年，也是最为危机四伏的一年。我们古老而伟大的英格兰，曾经摧毁了西班牙的无敌舰队，也曾凭借坚定的信念和决心，熬过了威廉三世和马尔巴罗公爵与路易十四之间的二十五年战争。我们曾有过全盛的查塔姆时代，也曾长期与拿破仑的军队斗争，并在纳尔逊及其同僚的出色领导下，通过海军掌握制海权，保障了英国的生存。第一次世界大战中，英国更是有一百万人牺牲。但是，所有这些都不足以与 1940 年相提并论。直到当年年底，这一古老的岛国，连同效忠它的联邦、自治领以及世界各地的附属地，终于证明自己有能力肩负起支配世界命运的重担。我们不曾畏惧，也从未动摇，更没有失败。事实证明，英国人民及其民族精神不可征服，英联邦和大英帝国的堡垒更是坚不可摧。我们虽孤军作战，但却得到了许多慷慨热血之人的支持。虽然暴君横行，我们却勇于向他发出挑战。

此时，我们的一切潜力已经充分发挥，空袭的恐惧也已克服。我们这个岛国令人觉得高深莫测、不可侵犯。从今以后，我们也将获得战斗的武器，更会成为一部构造精密的战斗机器。我们已向世界证明，我们能够保卫自己。关于希特勒能否称霸世界，人们看法不一。许多人曾经以为大不列颠已经完蛋，如今它却依然在与对手角逐，而且实力与日俱增，远比过去要强大得多。我们再度拥有时间优势，而拥有这一优势的不光是我们。美国正在迅速武装，积极备战。虽然在战争爆发之初，苏联曾误以为我国不堪一击，无情地选择了与德国交易，以换取暂时的利益，并分得一份赃物；它也已经强大许多，并为保卫自己巩固了前沿阵地。目前此次世界大战似乎有延长之势，日本似乎受到威慑：一方面，它密切关注着苏联和美国的动态；另一方面，它正深入思考着怎么做才能既明智又利己。

正是这个大不列颠，虽然它与其分布辽阔的自治领和附属地似乎曾经濒临毁灭，如今却已全身心投入战争长达十五个月之久：训练了作战人员，并将其无穷无尽的种种力量用在了战争之中。那些弱小的中立国以及已被征服的国家均大吃一惊，却也备感欣慰，看到天空的明星依然光辉灿烂，希望的火花又重新在千千万万人的心中燃起。正义事业终究会赢得胜利，公理也绝不会任人踩躏。值此紧要关头，自由的旗帜，即英国国旗，仍将迎风飘扬。

尽管根据精确的情报，我与我的同僚得以站在高处，纵观全局，但是我们依旧不乏担忧。德国潜艇封锁的阴影已向我们笼罩过来。而我们所有的计划能否成功，完全取决于我们能否摆脱这一威胁。法兰西之战虽然失败了，但是不列颠之战胜利了。如今，大西洋之战即将拉开序幕。

第三章

THREE

沙漠地区和巴尔干国家

战争的关键——沙漠里的虚幻黎明——坚强的班加西侧翼——埃塞俄比亚战役——西班牙之谜——德国空军在西西里岛的威胁——支援希腊的必要——需限制向沙漠进军——韦维尔将军的指示

　　自1941年上半年以来，许多问题接踵而来，这对我和我的同僚造成直接困扰。回首动荡不安的战争时代，我想不起有任何时期像这时候一样。战事规模逐年扩大，但做出相应的决策并未变得更加困难。我们在1942年遭遇了更加严重的军事灾难，不过，在那个时候我们已不再是孤军奋战，因为我们的命运已和联盟国家的命运紧密联系在一起。若不是与各联盟国家的这种关系，我们在1941年所遇到的问题便不会得到解决。若向一个战场提供物资，则必须从另一个战场划拨，颇有拆东墙补西墙之意。我们的物质资源也极为有限。而这十几个强国的态度尚不明朗，不知他们是友好，是观望，还是敌对。首先，我们在国内必须面对潜艇战、敌人入侵的威胁以及接连不断的闪电战[①]；其次，我们还得在中东采取一系列行动；再次，我们必须试图在巴尔干半岛开辟一条对德作战战线，而我们还必须准备长期孤军奋战。我们犹如卷入了尼亚加拉瀑布的漩涡，在急流中挣扎。当时我们面临的一个棘手问题是，一方面我们要独自苦撑，竭尽全力不被急流冲走；另一方面，一些重大事件的发展形势极为严峻，势不可当，而这二者之间的力量对比实为悬殊。

---

　　①　德国的一种战术，它充分利用飞机、坦克和机械化部队的快捷优势，以突然袭击的方式制敌取胜，用机械化部队来快速切割敌军主力以达到预期效果。——译者注

＊　　＊　　＊

　　无论如何，我们总算在大不列颠打下了坚实的基础。我很确定，只要我们在国内保持高度戒备、保存必要兵力，就算德国于 1941 年进攻我国，也并非对我方不利。与 1940 年相比较，德国空军在各个战场的实力也几乎没什么长进，而我们国内的战斗机中队则从五十一个扩充到七十八个，轰炸机中队也从二十七个扩充到四十五个。在 1940 年的空战中，德军并未获胜。在我看来，他们在 1941 年也没有获胜的希望。我们本土的陆军实力增长则更为迅速。从 1940 年 9 月到 1941 年 9 月，原有的二十六个现役师已增至三十四个，此外，还增加了五个装甲师。

＊　　＊　　＊

　　此外，还必须提及的是，军队已经训练得相当成熟，他们所使用的武器装备也大量增加。国民自卫军已从一百万人增至一百五十万人，而且人人都持有枪支。兵员数额、机动性、装备、训练、组织和防御工事等各方面都有了极大的改进。当然，希特勒入侵我国的时候，其投入兵力远超过战事所需。为了征服我们，他在横渡英吉利海峡的时候至少要带一百万名士兵及必需的补给。到 1941 年，希特勒可能拥有大量的登陆艇，但就数量而言还达不到作战的标准。此外，我们拥有极具优势的空军和海军，还手握制空和制海权，因而，我们坚信我们有能力摧毁或重创德国入侵舰队。这也证明了我们自 1940 年以来所做出的战略决断非常明智。只要我们不放松警惕、不大肆削减我们自己的防卫力量，战时内阁和参谋长委员会就不必为此感到担忧。
　　在我们的美国朋友当中，有些将军曾经访问过我们，虽然他们对于我们的处境很担心，全世界也普遍认为德国很有可能进攻大不列颠，但我们并不着急，因为我们可利用现有船舶将军队送至海外，令其投

入到中东和地中海地区的作战行动中。这是我们能赢得最后胜利的关键。1941 年这一年也是一些重大事件真正开始的一年。战火延绵，军队则必须继续坚持战斗。我们唯一能够和敌人在陆地上周旋的一个洲便是非洲。我们负责保卫埃及和马耳他岛，也许摧毁意大利帝国将会是我们取得的首个胜利。英国人在中东抵抗耀武扬威的轴心国，同时，我们试图联合土耳其和巴尔干各国共同抵御敌人，这就是我目前所讲述的主题与线索。

* 　　 * 　　 *

沙漠地区①的胜利令这一年的前几天笼罩在一片喜悦的气氛当中。1 月 5 日，拜尔迪耶有四万余人投降。这样看来，托布鲁克已处在我们的控制之下。果不其然，不到两个星期，托布鲁克就被攻陷了，有近三万人被俘。19 日，我们收复了苏丹境内的卡萨拉。20 日，我们顺利攻入意大利的殖民地厄立特里亚。除此之外，我们还在几天之后占领了位于比夏的轨头②。而在同一天，海尔·塞拉西皇帝返回埃塞俄比亚。但是，在这一时期，我们屡次截获德国为发动巴尔干战役而进行军事调遣和准备的情报。我向委员会的参谋长们提出我对整个战局形势发展的预测，而他们也基本赞同我的看法。

首相致伊斯梅将军，转参谋长委员会：

一

1. 1941 年开年之初，我们海外计划的首要目标是迅速摧毁位于非洲东北部的意大利武装力量。只要能够消灭昔兰尼加的意大利军队，尼罗河军队就可以去执行其他任务，不过，我们目前还不能透露究竟是何种任务。

---

① 指北非利比亚沙漠地区。——译者注
② 铁路终点站。——译者注

2. 我们攻克拜尔迪耶之后可以在那里建立一个前沿基地，以便夺取托布鲁克。而在拿下拜尔迪耶和托布鲁克以后，我们无须通过陆路与亚历山大港进行联系，而几乎可以完全依靠海运支持我们继续向西进军。现在，我们必须制订各项计划以充分利用托布鲁克这个地方。

3. 驻扎在拜尔迪耶和托布鲁克以西的进攻部队无须过多。英国第二和第七装甲师、第六澳大利亚师以及即将整编为师的新西兰旅，再加上一两个英国旅，共计不超过四万到四万五千人，这足以应付残余意军的抵抗，同时，他们还可攻下班加西。从托布鲁克到班加西的沿海公路只有二百五十多英里，而从亚历山大港到托布鲁克则差不多有三百七十英里。因此，一旦把托布鲁克建为基地，我们的陆上交通也将从这里开始，陆路运输压力就会比现在缓和不少。届时，我们可以把托布鲁克当作之前的亚历山大，将其定为新的始发点，而只需留下少量但足够支配的进攻部队即可。攻占班加西之后，这一阶段的利比亚战役也将告一段落。

4. 现在的问题是，这一切需要花费多长的时间？鉴于意大利在精锐部队、车辆和装备方面损失惨重，而我们又手握制海权，那么我们应当可以很快拿下昔兰尼加。但一切瞬息万变，因而我们需尽快采取行动。如果我们能在3月份迅速占领班加西及其东部地区，并将其设为陆军和海军基地，那么这就足以满足我们的总体战略需求。

5. 上面所说的利比亚军事行动与我们在埃塞俄比亚对意军发起的进攻并行不悖。韦维尔将军已召回第四英印师。第五英印师也随时待命，一有情况出现就可以立刻实施卡萨拉作战计划，燃起埃塞俄比亚的起义之火。同时，驻肯尼亚的部队可以沿着鲁道夫湖向北进军。一旦在埃塞俄比亚作战的意军被切断后路，他们就可能随时向我们提出休战。他们之所以还未这样做是因为仍抱有幻想：他们想着能够攻下尼罗河三角洲地带和苏伊士运河，而且恢复交通之后可通过尼罗河和红海运送军需物资。可是，十分遗憾的是，他们的如意算盘打错了。另外，埃塞俄比亚幅员辽阔，交通不便，海上交通尤甚，而人员众多的军队又需口粮，但意军无法提供足够的食粮，因而战争将会无止境地拖延下去。由此推断，在4月底之前，在埃塞俄比亚作战的意军要么自己投降，要么等着被击败。

6. 一旦时机变得更加成熟，肯尼亚、苏丹和埃塞俄比亚的精锐部队就可向北进军。在未来的地中海东部作战计划中，这些军队可用作后备军。假设驻守在中东地区的兵力达三十七万人（加上"温斯顿"号中的第五号和第六号运输船队），除留守在埃塞俄比亚、昔兰尼加、埃及和巴勒斯坦的必要军队和护卫队之外，仍有相当于十个师的军队驻守在尼罗河流域，再加上从国内调去的另外两个师，总共有十二个师。截止到4月底，若没有其他新的战事，这十二个师则可任凭调遣。

二

7. 德国人可能会不顾西班牙政府和人民的意愿，强行取道西班牙，进而进攻直布罗陀海峡。但采取这种行动对德国人来说风险极大，而且他们还毫无把握，尤其是在这个非常时期。也难怪希特勒不敢这么做，现在那些被征服的民族已然愤愤不平，此时若再得罪西班牙，那是相当不明智。当然，若能得到西班牙政府的允许，德国再想要控制里斯本、阿尔赫西拉斯和休达的炮台、占据几处战略位置极佳的机场就是小事一桩了。希尔加思海军上校①久居西班牙，他刚与我国驻西班牙的大使取得联系。按照他的说法，西班牙政府不太可能让希特勒取道西班牙，也不会对我方宣战。韦维尔将军

---

① 希尔加思海军上校，英国驻马德里的海军武官。——译者注

在利比亚所取得的胜利已经给西班牙的社会舆论造成重大影响，而且这种影响将会一直持续下去。如果德国在4月份之前得不到西班牙政府的许可，那么他们也不可能强行取道西班牙。无论从哪一方面看，德国迟迟不采取行动的这一做法都将对我们十分有利。我们可以利用直布罗陀海峡，我们有时间让我们的军队在中东地区完成任务，然后我们的军队就可再次随时待命。最重要的是，法国和维希的战争形势也有可能向良好的方向转变。

8. 我们现在需要保持谨慎，尽量不掺和西班牙的事务。因为无论是挑衅西班牙政府与我们对抗，还是激怒希特勒对西班牙发动猛攻，这都将对我们造成不利的影响。所有这些情况都属猜测，难以确定其发生与否。但是，在政治条件和气候条件都对希特勒有利的情况下，希特勒并没有像我们所担心的那样，借道西班牙进攻直布罗陀，这也验证了我之前的猜测：至少在春天来临前，德国不敢对西班牙轻举妄动。

三

9. 德国可能要等到春季来临之时才会对西班牙采取行动，由此我们看到了一个机会：一直处在德国压力之下或者说是处在德国控制之下的维希政府，有希望派兵到北非重新投入战斗，或者将这一任务交给魏刚将军。如果我们能在直布罗陀海峡落入德国手中之前把握好这个机会，那么我们就能牵制德国的行动，到时他们还能否发动进攻就很难说了。此时，我们可以通过大西洋港口把军队调往摩洛哥，同时，还可利用位于北非的法国空军基地。整个地中海地区的局势将会朝着对我方有利的方向发展。的黎波里的残余意军将会被彻底清除，我们由此可开辟出一条地中海航线，将军需物资和援军运至中东。

10. 因此，我们可以向贝当元帅和魏刚将军保证，一旦他们如我们般切期盼的那样迈出重要一步，届时我们将会为

他们提供六个师的陆军、充足的空军以及必要的海军支援。我们也会让两位明白，如果行动不及时，一旦德国取道西班牙、成功控制直布罗陀海峡和摩洛哥北部，情况将会是多么的危险。至于维希政府下一步怎么走，我们也只能走一步看一步了。与此同时，我们会在有海军可用之时对法国进行间隔性封锁，一方面对外宣称这是我们的原则，另一方面要制造"英法两国有摩擦"的烟幕弹，尤其不能让维希政府认为即便他们不作为，我方也会对他们一忍再忍。如果事态在法国范围内迅速发展，那么将会对我们十分有利。希特勒先生应该也了解到这一点。不过，在意大利发生任何决定性事件之前，法国的事态应该已经发展到了高潮。

四

11. 我们要做好准备，希特勒还是有可能很快发动猛攻，他现在也许正按德国人一贯的缜密作风进行着大规模的准备工作。希特勒可以不费吹灰之力穿过意大利，在西西里岛成立空军部队，或许他已经开始行动了。

由于形势紧急，参谋长委员会应加紧研究"流入"计划（占领西西里岛的计划）。不过，就目前形势来看，相比"流入"计划，我们应优先考虑利比亚作战计划。无论如何，先攻下托布鲁克，此后，如果不继续向西进军的话，那么就在那里设立一个稳固的前进基地保护埃及。否则，在此之前，我们肯定不能这样做。

五

12. 以上内容都表明，若德国将对巴尔干各国的进攻推迟到春天之后，那么将对我们最有利。但切不可大意，我们也要做好德国将提早展开进攻的准备。希腊军队已取得伟大功绩，这也给予了我们很大帮助。尽管我们已尽力，但在空军方面为他们提供的援助非常有限，然而，他们也未予以计较。值得注意的是，希腊军队取得胜利之后，如果他们再遭

遇挫折或者陷入僵局，肯定会请求我们给予更多的援助。届时，我们能立即提供的也只有从中东抽调过来的四五个空军中队、几个炮兵团以及第二装甲师里的部分或全部坦克。第二装甲师现已抵达埃及，正在那里有条不紊地进行整顿。

"狂暴"号已抵达塔科拉迪，四十架"飓风"战斗机以及其他型号战斗机也已到位，不久朗莫尔将军的实力将远远超过一百架"飓风"战斗机。朗莫尔这次的判断非常正确，他撤回了亚丁和苏丹的空军部队，因此在这次进攻中遭受的损失微乎其微。攻下托布鲁克指日可待，但胜利以后我们必须给希腊提供强大的空军增援部队，包括一些"飓风"战斗机中队。但这样会引发一些问题：如希腊的飞机场跑道有没有加长，以适应"飓风"战斗机的需要？如果战斗机需要在中途降落，克里特岛上的飞机场是否能提供紧急迫降的跑道？等到实际要用的时候再来改建飞机场就来不及了，现在就要将一切准备就绪。我们还得弄清楚，将第二装甲师调往比雷埃夫斯港需要多少时间和人力。

13. 所有这一切都表明，如果希腊无法攻下法罗拉，后果将不堪设想。韦维尔将军现在拥有的空军减少了，但是单单依靠沙漠西部的部队攻打昔兰尼加、再驻兵班加西也不是没有可能，可是，如果为了驻兵班加西而丢失攻克法罗拉的机会，希腊人将会感到十分沮丧，他们也很可能会在一怒之下跑到意大利，与其商谈和解，到那时就麻烦了。所以我估计，攻占托布鲁克之后，尼罗河军队若再继续向西进军则可能会遇到严重的困难。我很清楚，在保证埃及西侧的安全后援助希腊更为要紧。

六

14. 我们对希腊所提供的援助，以及希腊进军法罗拉的战况将在很大程度上共同决定南斯拉夫的态度。虽然现在下论断还为时过早，但从目前军队的频繁调动和沸沸扬扬的传

言可看出，德军更有可能会经由罗马尼亚抵达黑海，再借由他们的旧日盟国保加利亚的帮助而直逼萨洛尼卡，而非强行穿越南斯拉夫。很明显，德军正在集结兵力，而且其往东南方向的交通也逐渐通畅起来。我们要做的是确保土耳其在德国攻入保加利亚之时参战。如果南斯拉夫立场坚定，不被敌军干扰，如果希腊成功攻下法罗拉并驻军阿尔巴尼亚，如果土耳其积极与我们联盟，那么苏联可能会转而支持我们。谁都能看出，德军抵达黑海，或通过保加利亚进入爱琴海，将对苏联极其不利，甚至是致命的打击。光是恐惧就足以令苏联人不敢参战，更别提在巴尔干建立一条坚固的同盟国战线了。随着英国海陆空军威望的提高，或许还可以缓解这种恐惧，但是我们不能对这一点有所指望。

七

最后一个问题，也是决定我们一切活动的中心问题，即敌人入侵的威胁、空战及其对生产的影响，以及我们的西部港口和西北交通线所面临的巨大压力。有一点毋庸置疑，希特勒先生想要围困或击溃大不列颠的想法比以往任何时候都强烈。只要英国的空军实力越来越强大，只要他还要对付那些被德国征服的饥肠辘辘、怨声载道的欧洲民众，那么即便希特勒在欧洲东部发动一场规模庞大的战役、打败苏联、征服乌克兰、顺利从黑海到里海，即便他能做到上述这些事情，这也都无法带给他胜利与和平。因此，阻止入侵、维持国内的粮食供应、加快武器生产速度这几项任务极为紧要，绝不能因其他的任何情况而致其受到影响。

1941 年 1 月 6 日

＊　　＊　　＊

希特勒也有他的新年感言。将他在一个星期前写给墨索里尼的信与我的预测相对比，还的确有点儿意思。我和希特勒对于佛朗哥将军和西班牙的态度居然不谋而合。

首领：

……在分析整个形势之后，我得出以下结论：

1. 就西部的战役来说，我们已经取得胜利。若要击溃英国则还需致命一击。至于通过何种方式给予他们致命一击，我们现在仍需进行商讨。我们现有的空军和海军防御力量也在不断加强，但英国还没有被全线击垮，原因究竟是什么，我们还要进行认真考虑。

在这场战争中，尤其是在我们取得第一阶段的胜利之后，我们需要制定出向不列颠群岛发动最后一击的重要策略。集结兵力（特别是那些超大规模的供应站）需要相应的防空设施作支撑，而这一需求大大超过了我们原来的预期。

2. 关于法国。法国政府已解除了赖伐尔的职务。但政府给我的说法有假。我坚持认为真正的原因是：在北非的魏刚将军向维希政府提出了无异于敲诈勒索的要求，如果维希政府不配合，就很可能会失去北非。我还觉得，在维希政府内部可能存在一个小集团，他们是支持（至少是暗中支持）魏刚政策的。我认为贝当本人是非常可靠的，但是知人知面不知心。一切都要时刻保持警惕，密切注意事态的演变。

3. 关于西班牙。西班牙步履维艰，佛朗哥认为局势对他们极为不利，因此西班牙拒绝与轴心国合作。我担心佛朗哥这么做会犯下他一生中的最大错误。他不参加战争，英美这些民主国家给予他原料和小麦作为酬谢，我认为他的做法极其幼稚。民主国家会让他惶惶不可终日，等他弹尽粮绝以后就原形毕露，趁机进攻。我对西班牙的做法深感遗憾，因为从我方的角度看，我们打算在 1 月 10 日跨过西班牙边界，2 月初进攻直布罗陀，万事俱备只欠东风了。如果一切顺利，我们很快就能取得成功。参加这一行动的军队都是经过特别的选拔和训练的。一旦攻下直布罗陀海峡，那我们就不用担心在北非和西非的法国军队倒戈了。

因此，我对佛朗哥的决定大失所望。想当年在他蒙难的时候，我们——首领您和我自己——都给予了他很多帮助，如今却换来这样的回报。但我仍抱有一丝希望，希望他在最后一刻能领悟到他的行为会带来多么灾难性的后果，希望他能设法和我们并肩作战，哪怕迟点也没关系，我们的胜利会决定他今后的命运。

4. 关于保加利亚。保加利亚同样不愿与三国同盟条约①扯上关系，在处理国际关系时态度也并不明确。这一切都源于苏联方面越来越沉重的压力。如果保加利亚国王愿意依附我们的条约，谁也不敢对他施加这样的压力。最糟糕的是，这种影响带偏了舆论，导致舆论越来越倾向于共产主义了。

5. 反观匈牙利和罗马尼亚，毫无疑问，在这次战争中他们的立场最为清晰。安东奈斯库将军已认识到，罗马尼亚政府的前途，乃至他本人的前途，都取决于我们的胜利。因为这一点，他的行动直截了当，这使我对他格外尊敬。

匈牙利人民在这一方面也丝毫不甘下风，表达出同样的忠心。自12月13日以来，德国持续经由匈牙利向罗马尼亚调运军队。我可以自由使用匈牙利和罗马尼亚的铁路网，因而德国的一些部队才能迅速地赶往战事紧迫的战场。至于那些正在计划中的或者可能必须要采取的行动，我还不便多谈，因为这些计划还都未成形。无论如何，我们的兵力将足以对付任何从侧翼反攻的威胁。首领，您仍需巩固在阿尔巴尼亚前线作战的兵力，以牵制一部分希腊军队和英国希腊联军。

---

① 三国同盟条约，1940年9月27日德、意、日三国在柏林签订的盟约。——译者注

6. 关于南斯拉夫。南斯拉夫正在小心翼翼地争取时间。如果战争顺利的话，它有可能和我们签订互不侵犯条约，但现在看来，它不太可能加入三国同盟条约。我们要取得军事胜利后才能提升心理状态，在此之前我不敢奢望能争取到更多东西。

7. 关于苏联。考虑到巴尔干的一些国家有发生内讧的危险，所以我们有必要预测到由此可能产生的极端后果并且提前做好防范。只要斯大林还在世，苏联就不会与我们为敌，我们本身也并未遭受任何严重的挫折。首领，我认为要想这场战争圆满结束，德国必须要有一支实力强大的军队，以应对东方可能出现的任何不测。这支军队的实力越强大，不测发生的概率就越小。除了这些考虑外，还要附加一点：我们现在同苏联的关系还不错。我们将要签订一项互利互惠的贸易协定，我们也有望用合理的方式来解决双方之间存在的一些颇具争议的问题。

说实话，我们和苏联之间唯一的分歧在于芬兰和君士坦丁堡问题。至于芬兰，我并未预见任何根本性的困难，因为我们没把芬兰并入我们的势力范围内，我们唯一的希望就是这一地区不要发生第二次战争。

反过来，把君士坦丁堡、保加利亚让给苏联，对我们没有什么好处。但只要我们怀着好意，双方就有可能达成一致，这样我们既避免了最坏的情况又有助于达成我们的愿望。要想强迫我们去接受任何我们不满意的安排，那绝不可能，如果莫斯科方面知道这一点，事情就更容易解决了。

8. 关于非洲。首领，我觉得目前在这一战区内还不具备发动任何大规模反攻的条件，如果打算进攻这个地区，至少要三到五个月来准备。到那个季节，德国装甲部队无法有效地投入战斗。因为在这样的气温下，除非每辆车都装有特殊的冷却设备，否则装甲车没办法发动。在远距离的作战中，

装甲车根本无法完成整日行驶的任务。

在这个战区，最好的解决方案应该是增加反坦克武器，即便这意味着其他战区的意大利部队无法使用这类特殊的大炮。正如我最近所讲述的那样，我还是认为，要想尽一切办法，用我们的空军力量削弱英国海军在地中海的地位，因为在这个战区，我们的地面部队并不能改善当地局势。首领，至于其他方面，我们在 3 月份之前还无法做出任何重要决定。①

1940 年 12 月 31 日

* * *

艾登先生一直盯着东方的那一片乌云，若有所思。

外交大臣致首相：

首先我要对拜尔迪耶胜利②表示由衷的敬意和祝贺！请容许我冒昧修改您的一句金句："从来没有一次像这样，以如此少的兵力，俘获如此多东西和士兵"③。

就国际范围来看，巴尔干地区的战况不太理想，于是我写了这篇备忘录，希望引起大家注意。过去几天，我们通过各种渠道获得的大量信息都表明，德国正加快进攻巴尔干的步伐，最终目标是拿下希腊。之前多次提到德国会在 3 月初发动袭击，但我肯定德国会用尽一切办法提前开始行动。在这个时候以保加利亚为据点，对萨洛尼卡采取军事行动，我

---

① 摘自《希特勒与墨索里尼：书信和文件》，第 83 页。

② 英军于 1941 年 1 月 3 日突破拜尔迪耶防线；5 日，拜尔迪耶意大利守军投降，英军俘虏意军三万多人。

③ 改编自丘吉尔在国会发表的演说，原文如下："Never in the field of human conflict was so much owed by so many to so few."——译者注

没有资格断言这件事可行与否，但可以确定的是，为了避免在阿尔巴尼亚的意军全军覆没，德国一定会找机会进行武力干涉。我们接到的各种情报表明，德国正在集结越来越多的空军力量来对希腊作战，帕帕戈斯将军也表示他的行军因此受到了拖延。德国的做法一向如此，在陆地上采取任何行动之前，要先建立空中霸权。

在政治方面，保加利亚政府的态度令我十分担忧。从他们目前的表现来看，他们似乎已经无法控制局势了。他们的新闻媒体也渐渐被德国人操控，现在已然沦为轴心国宣传机构的传话筒。我们在北非取得了胜利，但千万不能因此对土耳其和南斯拉夫放松警惕，这一点十分有必要。为确保这一点，我们正在政治方面竭力做足准备。是否需要将这所有的问题提交国防委员会考虑，还请斟酌。

1941 年 1 月 6 日

读了这篇备忘录之后，我又发出以下备忘录。

首相致伊斯梅将军，转参谋长委员会：

请研读附件当中外交大臣的备忘录。尽管我们目前急需在道路状况良好的情况下沿利比亚海岸对意大利军队进行追击，但我们还需考虑加派四五个皇家空军中队到希腊，或者抽调部分英国第二装甲师部队前去支援。

现在我的注意力必须放在班加西这一块，如果托布鲁克被我方攻占，班加西以东的意军便所剩无几，而且基本都是些残兵败将……

如有运气和勇气的加持，我们在利比亚海岸对意军作战应该比较容易取胜，但我们必须时刻谨记占领法罗拉和保护希腊前线的重要性。

1941 年 1 月 6 日

*   *   *

1月8日，国防委员会达成一致意见，鉴于德军可能会提前经由保加利亚进军希腊，从政治角度来看，目前头等重要的工作是千方百计、竭尽所能、立即为希腊提供最大限度的援助。此外，委员会还计划在接下来的四十八小时内就援助希腊的具体方式和范围做出决定。正是在这一天，我接到史末资将军的电报。这封电报并未受到我于两天之前发出的那份备忘录的影响，但我们的观点却出奇的一致，参谋长们和国防委员会也赞同我的观点，这令我信心大增。

史末资将军致首相：

1. 由于中东取得了伟大胜利，我们需要考虑一下未来的发展方向。韦维尔不久即可乘胜攻下托布鲁克，那么他还需要继续向前推进吗？的黎波里太过遥远，班加西也不近，它到埃及边界的距离比从埃及边界到亚历山大港的距离还远。但继续进攻班加西也有充分的理由（出于海军或是其他方面的考虑）。如果没有充分或者特殊的理由，我认为，到了托布鲁克就不需再继续前进。再往前走就会有风险，这一点不用我多说。我们应该在当地设防阵地留下足够抵御外敌的部队，而其余部队则可调往埃及和中东，这两个地方都需要一支强大的机动部队，以防敌人借由巴尔干各国向我军发动进攻。

2. 我觉得在现阶段，也该考虑理清埃塞俄比亚的局势了。攻下埃塞俄比亚意味着大大打击了墨索里尼的威望和法西斯的掠夺。意大利从此可能被迫退出战争，整个地中海地区的局面将得以扭转。德国将再次被孤立，将来有可能会被击败。

3. 至于为什么要及早理清埃塞俄比亚的战局，有人认为意大利现在的士气低迷，趁机一举击败意军可以把这边的兵

力腾出来，用以增援我方在中东的前线。如果能够立即抽调韦维尔的部分中东军队，从北面进攻埃塞俄比亚，同时再从肯尼亚发动攻势，就能迅速瓦解意大利军队的抵抗。如果从两方面同时进攻，我觉得在北面和肯尼亚各增添一个师就够了。

4. 如果从两处同时展开进攻的计划得到批准，那么我可以负责向南部增援一个师。该师除布朗式轻机枪的库存不太充足外，其他一切准备就绪；只要运输船一到，就能马上出发。往北部和南部运送数量如此大的军队需要一定的时间，如果我的建议被采纳，那就需要及早做出决定。而来自南部的进攻会迅速将战线推至远离肯尼亚的地方，因此目前必须舍弃在那里所实行的大部分计划。

在像厄立特里亚和埃塞俄比亚这样幅员辽阔的地区，如果想要避免不必要的风险和持久战，那么也只有从北部和南部同时发动进攻。因此，很有必要调派一个师的兵力支援北部，或许一个师的兵力就已足够。尽管有谣言说德国在罗马尼亚和匈牙利聚集了大量兵力，但我还是希望能够调派出一个师的兵力。

现在的问题在于，苏联的态度令人捉摸不透，而土耳其则采取敌对的态度，那么在这样的情况下，德国是否有勇气在巴尔干地区开战。在非洲和希腊的意军已被打败，英国也成功击退德国空军，这两件事大大地扭转了局面。德国集结军队一方面是为了抚慰失败的意军，另一方面是想引诱英军离开大不列颠，其实他们真正的意图是大举进攻不列颠，这也是形势所迫。总参谋部应对整个战局加以考虑，因为他们了解真实的情况。就目前形势来看，从中东军队抽调一个师，以及抽调必要的空军增援驻扎在苏丹的兵力，以便从北部发动攻势，风险并不是非常大。如果整个行动能速战速决，那么势必会在意大利和中东产生深远影响。

1941 年 1 月 8 日

＊　　＊　　＊

1月10日，三军参谋长们向中东司令官发出警告：德国可能会于月底前进攻希腊。他们认为，德国可能会取道保加利亚，沿着斯特鲁马山谷一线进军，进而直抵萨洛尼卡。他们拥有三个师的兵力，辅以约两百架俯冲轰炸机，三月之后还有可能增加三到四个师。此外，三军参谋长们还补充道，此前英王陛下政府已经决定给予希腊军队最大程度的支持，而这项决定意味着，一旦托布鲁克被攻陷，中东的一切事宜都得退居其次。他们还授权从中东抽调机械化部队、特种部队和空军，但抽调部队不得超过以下这个限度，即一个步兵坦克中队①、一个巡洋坦克团②、十个炮兵团和五个空军中队。

驻开罗的总司令官们认为，德国在罗马尼亚聚集兵力仅仅是为了打一场心理战，其真实目的是引诱我们分散中东的兵力，以阻止我们进军利比亚，而我们此前就已经提醒过他们。韦维尔希望三军参谋长们能"立刻考虑敌人的行动是否只是烟幕弹"。读完他的复电后，我认为这和事实有很大出入，于是赶紧下达以下指示：

> 首相致伊斯梅将军或霍利斯上校，转参谋长委员会：
>
> 　　请三军参谋长于明天，即周六早上集中开会，共同商议这几封由中东司令部发来的电报。附件是我起草的致韦维尔将军和朗莫尔将军的电报，如果众位参谋长们没有异议，那么就请参谋长委员会发出这封电报。
>
> 　　　　　　　　　　　　　　　　　　　　1941 年 1 月 10 日

---

① 在英国，重装甲保护的"步兵坦克"被用来给步兵提供机动的火力支援，是一种重型、缓慢、装甲坚固的坦克。

② 巡洋坦克相较于步兵坦克，火力更强、速度更快，但装甲较薄，在战斗中具有高度的机动性。

首相致韦维尔将军：

1. 之前你们提到过，德国在罗马尼亚聚集兵力只不过是"心理战术"或是"分散我方兵力的烟幕弹"，但是我们得到的消息却恰好与之相反。我们所接收的大量信息表明，德国意图取道保加利亚进军希腊，直指萨洛尼卡，而且这次大规模的行动将在本月底之前开始。

这次入侵的敌方兵力数量不多，但攻击性极强。敌方一到两个装甲师、一个机动师、一百八十架俯冲轰炸机，还有一些伞兵部队，估计在 2 月中能穿过保加利亚—希腊边境前线。

2. 如果不阻止这支军队的步伐，上次德国于色当①大败法军的惨剧又会在希腊身上重演。在阿尔巴尼亚的所有希腊军队都将受到致命的打击。这才是从我们截获的情报中了解到的事实和得出的推论，我们有充分的理由相信这是对的。德国为了能给我们造成最大的伤害，肯定会这么做，不是吗？希腊如果毁灭，那你之前在利比亚打的胜仗就没什么意义了，如果我们不顾同盟国的生死，土耳其的态度也肯定会受影响。因此在这个危急关头，你现在应该朝着利益最大化的方向调整计划。

3. 攻下托布鲁克是我们的头号目标，但随后应将援助希腊摆在首位，利比亚行动则放在其后。你接到这封电报之后应当立即做好一切准备，并且按照规定的限度给予希腊最大的帮助。这是内阁国防部经过慎重考虑之后做出的决定，史末资将军经过独自思考后也通过电报表达了相同的看法。

4. 我们希望也要求你立即积极按照上述决议展开行动，我们会为此负全部责任。你将同有关人员一起访问雅典，也许通过此行，你能想出最妥善的执行上述决议的办法。事不

---

①　法国东北部城镇，临近比利时，是国防要塞。——译者注

宜迟。

1941 年 1 月 10 日

三军参谋长们没有异议，于是便发出了这封电报。我们这次不是为希腊提供一个集团军的兵力，而只是向其派遣一些特种部队和技术部队。

接到这个命令之后，韦维尔将军和朗莫尔将军便飞往雅典，与梅塔克萨斯将军和帕普哥斯将军进行会谈。1 月 15 日，他们告诉我们，除非我们派去充足的增援士兵，足以发动反攻，否则希腊政府是不会愿意让我方任何军队从萨洛尼卡登陆的。收到两位将军的电报后，三军参谋长们在 1 月 17 日回复道，我们不会强迫希腊接受我们的援助。因此，我们调整了一下未来计划，决定进军班加西，同时，还会在尼罗河三角洲建立一支最强大的战略后备军。

1 月 21 日，三军参谋长向韦维尔提议：拿下班加西是当前的重中之重。他们认为，如果把班加西建为防御坚固的海空基地，我们就可以放弃陆上交通，这样不但可以节省人力也可节省交通成本。与此同时，他们敦促韦维尔尽快攻下多德卡尼斯群岛，特别是罗得岛，以防德国空军先发制人，威胁我们与希腊、土耳其之间的交通。此外，他们还让韦维尔准备四个师的战略后备军，以帮助希腊和土耳其，以防万一。

首相致韦维尔将军：

德国空军像幽灵一样突然出现在地中海中部，这也令我不得不放弃原先的计划：开拓并监视地中海中部的各海峡航道，从而使运兵船队定期通过。除非这一情况在年初的头几个月能够得到改善，否则，如果到时由于船只数量不足不得不绕过好望角行进，同时，鉴于尼罗河军队的规模和中东战区实力的增长，那么必定无法达到我所预期的效果。如果运兵船队不得不绕过好望角，那么不但花费巨大，风险还很高。

可是，令我很失望的是，为何运送的后勤人员那么多，而运送的能实际参与作战的士兵却那么少？我在各个方面都可以给予你最大的支持，但同时你也要让我信服，中东要做到人尽其用，最好是编成师或者旅这样单位的部队。在后勤服务部任职的士兵要做好本职工作以确保内部安全……

从各方获得的情报都令我更加坚信，德国现在正在保加利亚的飞机场全面备战，以进攻希腊。这样的渗透——在对土耳其真正展开进攻之前，可能或者一定会引起土耳其人的恐慌，届时，德国人会说："把君士坦丁堡让出来吧，不然就把它炸掉。"我们必须做好准备，巴尔干各国可能会遭到连续的毁灭性轰炸，而且他们还可能会全部屈服于德国的淫威。在三角洲区域内的战略后备军力量越强大，将这支军队调往欧洲海岸的准备工作做得越充分，我们最后的胜算就越大。

1941 年 1 月 26 日

我复电史末资将军：

首相致史末资将军：

我已收到你于 1 月 8 日发来的电报，当时我们经过三四天的考虑之后，已得出明确的结论。我亲自向国防委员会宣读了电报内容，在座的还包括三军参谋长、海陆空军大臣、艾德礼和艾登。巧合的是，所有人的观点都不谋而合。唯一的分歧在于，我们认为，由于缺乏运输工具，如果大批军队从肯尼亚北进的话，那么他们将可能遭到长时间的拖延。如果起义一切顺利，那么埃塞俄比亚皇帝不久之后即可返回国内。沿着"卡萨拉—阿戈达特"战线前进则可截断敌军主力。你所提到的那支军队已在途中。

我们应尽最大可能持续从肯尼亚施压，但是我们没办法给那里分配太多兵力。请尽早派遣一个师前来增援。或许在

军队到达之时即可在红海登陆。时局变幻莫测，那么，从现在开始就采取行动吧。

托布鲁克可能有二万五千名意军在我们的包围之中。我们达成一致意见，在到达托布鲁克以后，无须冒着重大牺牲继续向前推进。如果道路良好，可以继续向前进，以便在远离埃及的西面布置侧翼防线。同时，把一切有用资源转移到战争即将爆发的保加利亚—希腊一线。当然，韦维尔和他的同僚们一心想要追击敌军，但韦维尔周一或周二要前往雅典去协商增援事宜。虽然一切都已安排妥当，但是能不能成功就难说了。天气、山川、横渡多瑙河、希腊—保加利亚边境的防御地带，所有的因素都对我们有利。看到英国援助希腊之后，土耳其、南斯拉夫和苏联估计会有所动摇，转而支持我们。

无论巴尔干各国发生什么，埃塞俄比亚的意军都可能会被一举歼灭。如果成功摧毁意军，那么我们就可以将肯尼亚的一切有用资源调往地中海。希望也能把南非联军调至该地，加入夏季战争。我们仍继续绕过好望角运送大量的增援部队。很感谢你所提供的一切帮助，特别是你准确的判断能力，而你的判断与我们费尽苦心得出的结论不谋而合。

1941 年 1 月 12 日

第四章

FOUR

硝烟四起

我和罗斯福总统来往更加密切——哈里·霍普金斯到达伦敦——与总统之间尊贵的联系人——我们的斯卡帕湾之行——"邦国之舟，扬帆远航吧！"——德国对罗马尼亚和保加利亚的计谋——1 月 31 日我给伊诺努总统发的电报——我们对土耳其提供军事援助——成立巴尔干联合战线的必要

　　新的一年开始，我和罗斯福总统来往更加密切，我给他发了新春祝福的信件。

　　前海军人员致罗斯福总统：
　　新的一年伴随着风雨。总统先生，上个星期天你对美国人民和全世界的自由爱好者发表的宣言令人难忘。此时此刻，我觉得我有义务代表英国政府和整个大英帝国向你表达我们心中的感激和钦佩之情。
　　我们的前途未卜，但有了这声催人奋进的号角，我们必定勇往直前，无所畏惧。你说所有英语国家和拥有同样理想的民族终将迎来美好的前途，我们坚信不疑。
　　　　　　　　　　　　　　　　　　　1941 年 1 月 1 日

　　1 月 10 日，一位带着最高国书的先生来唐宁街见我。我们从华盛顿发来的电报中得知，他是总统身边最亲近的人，也是总统的私人代表。于是我安排了布伦丹·布雷肯先生前往普尔机场迎接他，我打算第二天和这位先生共进午餐。

就这样我见到了哈里·霍普金斯，这位了不起的人物，不管在过去，还是在未来，都会对战争的局势起到决定性的作用。他体弱多病，但内心炽热，就像一座饱经沧桑的灯塔，用光芒指引着舰队进港的方向。他有一种讽刺的幽默感。我很享受有他的陪伴，尤其当事情进展不顺利的时候。他脾气有时不太好，会说一些尖酸刻薄的话。但我的经验告诉我，如果有需要，但说无妨。

我们的第一次会晤持续了约三个小时，我很快感受到了他的个人魅力，以及他肩负的重任。这时伦敦正遭受着敌人最大强度的轰炸，还有很多地方性问题也接踵而至。但对我来说，他是总统派来的大使，对我们至关重要。他眼睛里闪烁着光芒，安静的表面下掩盖不了热情涌动，他说道：

"总统下了决心，我们要共同赢得这场战争，这一点毋庸置疑。"

"他派我来这里是为了告诉你，无论发生什么，他都会不惜一切代价，用尽一切办法来支持你的，只要他还有能力，他都会全力以赴。"

在这场漫长的斗争过程中，所有和哈里·霍普金斯接触过的人，都会赞同我对于他人格魅力的看法。从此刻开始，我们之间建立了深厚的友谊，经历过无数大风大浪，仍坚固如初。他给我与总统之间搭建了一座最稳定坚固的桥梁，更重要的是，他是罗斯福本人最主要的支持者和鼓励者。这两个人，一个是没有公职的下属，另一个统治着强大的共和国，若他们联手，便有能力做出能影响整个英语世界的重大决策。

当然，霍普金斯过于看重他对总统的影响，眼里容不下和他一样的竞争者。在某种程度上，他应验了格雷①的诗句："受宠之人没有朋友。"但这就不是我该操心的事了。他就这么坐在那里，人很瘦弱，看起来有些病态，但一谈论起我们共同的事业（即打败、毁灭和杀死希特勒，其他的东西，如两国之间的忠诚或者彼此的目的，都无关紧要），他便两眼放光，见解独到。在美国历史上，很少有人能做到像他

---

① 托马斯·格雷（1716—1771），英国新古典主义后期的重要诗人。——译者注

这样，浑身散发着光芒。

哈里·霍普金斯总是能一眼看到问题的根本。我出席过几场重要的会议，各界政要齐聚一堂，人数至少有二十个。讨论的时候，在座的人都毫无头绪，这时他总是能一下子指出最关键的问题。他会说："没错，总统先生，这是我们必须要解决的问题，我们是选择面对还是逃避？"一般大家都会选择面对，只要面对了问题，事情就能得到解决。他是一位真正的领导者，每当到了危急时刻，很少有人能像他那样，拥有面对事情的高度热情和智慧。他热心于帮助穷人和弱势群体，同时他十分仇视暴行，尤其是在暴虐当道时。

* * *

我国新任驻美大使——哈利法克斯勋爵即将赴美，为了使他赴任的场面显得格外隆重，我安排我国最新、最强的战列舰"英王乔治五世"号载着他和他的夫人远渡重洋，外加几艘驱逐舰保驾护航。我乘坐专车陪伴他们北上，然后在斯卡帕湾①与他们告别。自从我离开海军部以后就再也没有巡视过舰队了，所以我趁这个机会好好视察了一番。我也正好可以借这个机会更好地结交哈里·霍普金斯。我们一起来到舰队，检阅船只和海防情况。我的妻子也与我们同行，她动作敏捷，刚从这艘驱逐舰上跳下来，不一会儿又登上了那艘驱逐舰，速度之快让其他人望尘莫及。霍普金斯差点就掉海里去了。后来我坐着专车返回格拉斯哥，受到当地民众的欢迎，接见了所有的当地政府官员，到访了许多工厂，视察了防务、消防和空防组织，并且发表了多次即兴演讲。下一站我们去的是泰恩赛德，又是同样的行程，同样的情形。慢慢地，我对霍普金斯和他的领袖有了新的了解。

霍普金斯在我这里待了大约十天，在这段时间里，他让我与那位

---

①　英国苏格兰地区最北端的半封闭水域，有三条航道通向大西洋和北海，曾为英国海军基地。——译者注

再次当选的伟大共和国领袖在精神上达成了一致。后来，我带他到多佛尔去视察我们的重型炮台，这些炮台与英吉利海峡那边的法国海岸遥相对望，只不过现在对我们来说是德国海岸了。他似乎对眼前的一切表现出极大的兴趣。

前海军人员致罗斯福总统：

　　这周末，霍普金斯和我在一起。我带他很快地转了转我们的海军舰队基地，我们有足够时间慢慢地讨论所有问题。霍普金斯先生深得你的信任，又是你的密友，我很感激你能派来一位如此杰出的特使。

1941 年 1 月 13 日

前海军人员致罗斯福总统：

　　你可能已经知道，哈利法克斯乘着我们的新战列舰"英王乔治五世"号，即将抵达安纳波利斯。不过该舰最多只能停留二十四小时。不知道你是否有兴趣去看一看这艘军舰。如果你能去看看，或者派任何一位高级海军将领来看看，我们都会感到十分荣幸。该舰将会在 1 月 24 日上午 7 点钟驶抵切萨皮克湾的入口。如果你有什么宝贵的建议或者期望，请告诉我，我们会尽力做到。

1941 年 1 月 19 日

*　　*　　*

　　同是在这个月，温德尔·威尔基先生也访问了英国，他是罗斯福总统最近这次选举的竞争对手。他也带着总统批准的最高规格的推荐信，因为他是公认的共和党领袖，我们做了很周到的准备，也幸亏有了敌人的帮助，才让他看到了他所希望看到的伦敦现在的困境。他在

契克斯首相别墅①里度过了一夜，在这里我和这位富有才干和魄力的先生谈了很久，可谁曾想到，三年后他竟突然因病去世了。

前海军人员致罗斯福总统：

昨天我接见了威尔基先生，你之前引用了一首诗，我被深深感动了，我觉得我应该把这首诗裱起来，以纪念这段惊心动魄的日子，也当作是我们之间友好关系的标志。我们的友谊是在万分紧张的情况下，通过电报的传递和心灵的感应建立起来的。

我得到的所有情报显示，德国目前正准备入侵我国，我们也在准备回击，不会让他们白来一趟。另一方面，东部的消息表明，大批德国陆军和空军部队已经进驻罗马尼亚，德国空军的先头部队有好几千人，已经在保加利亚政府的默许下，渗透至保加利亚的飞机场。希特勒自然是要对英伦三岛进行声势浩大的威胁，一则是要把我们困在这里，再则要掩护他东进的计划。目前他手里的军队人数非常多，可以同时朝这两个地方发动攻击。但请你放心，我们也同样会在这两个地方做好万全准备。

你对哈利法克斯的隆重接待和为了能及时给我们提供帮助所做的一切，让我感激不尽。我很荣幸能和霍普金斯做朋友，每一个和他接触过的人都会从他身上得到安慰和鼓舞。谁都能看出来为什么他和你的关系如此之好。多诺万上校在中东做出的成绩也非常出色。

在此奉上我的敬意和最亲切的问候。希望你的身体已无大碍。

1941 年 1 月 28 日

---

① 位于伦敦西北部，是英国首相的郊外官邸。——译者注

下面是罗斯福总统的回信：

亲爱的丘吉尔：

　　温德尔·威尔基会把这封信交给你，他没有带任何的政治色彩而来。

　　下面这几句诗对我国人民影响很大，现在也送给你们的人民：

　　"邦国之舟，扬帆远航吧！

　　扬帆远航，强大的联邦！

　　忧患中的人们，

　　满怀着对未来的希望，

　　与你的命运紧紧相连。"

你永远的朋友富兰克林·罗斯福
白宫，华盛顿
1941 年 1 月 20 日

这一段精彩的诗句选自朗费罗的《建舟咏》①，非常鼓舞人心。

*　　*　　*

　　在一场大规模的战争中，是不可能把军事和政治分开的。在高级领导层中，这两者是合二为一的。军人们通常把军事当作独立和至高无上的存在，在谈论到政治考量的时候，甚至会带有一些不屑的语气。当"政治"这个词和党派政治联系在一起时，会很容易被混淆了，甚至被污蔑。因此在这个多灾多难的世纪里，很多文学作品里混入了这样一种观点：在战争中只有军事的考量才是最重要的，军人们有明确

①　亨利·沃兹沃思·朗费罗（1807—1882），美国诗人，《建舟咏》选自诗集《海边与炉边》。——译者注

专业的观点，但是在政客的干涉下无法传达，这些政客为了私人或党派的利益影响了关系重大的战局。战时内阁、三军参谋长和我本人之间的关系是非常亲密的，且此时英国完全没有党派斗争，因此我们可以把军政之间的分歧缩减到最小。

我们在非洲东北部和意军的战争喜报频传，同时位于阿尔巴尼亚的希腊军队很有希望占领法罗拉。在收到好消息的同时，德国军队的动向和意图也慢慢浮出水面，我们获知希特勒准备大规模地干预巴尔干各国和地中海地区的战争。从1月初开始，我就已经预见到德国空军会去西西里岛，他们一方面是为了威胁马耳他，另一方面是要打消我们想要恢复地中海地区交通的念头。我曾经担心德国会在班泰雷利亚岛建立空军基地，利用空军基地所能提供的一切便利向的黎波里调遣他们的军队，而且很有可能是装甲部队。但事实证明，他们没有占领班泰雷利亚岛，可能觉得没这个必要。即便如此，我们还是坚持认为，他们的计划就是在意大利到非洲之间建立一条南北走向的通道。与此同时又故技重施，阻碍我们在地中海东西两面的活动。

除此之外还有巴尔干各国的风险，包括希腊和土耳其，他们有可能在威逼利诱下屈服于希特勒帝国，若他们反抗则可能会遭到入侵。我们昔日目睹了挪威、丹麦、荷兰、比利时和法国的惨剧，难道此时又要在东南欧身上重演？所有巴尔干国家，包括英勇的希腊，会不会被一一降服？一旦发生这种情况，土耳其就会孤立无援，他会不会被迫打开大门，成为德国军队通往巴勒斯坦、埃及、伊拉克和波斯的道路？有没有机会把巴尔干各国团结起来，建立巴尔干战线，让德国觉得进攻得不偿失，从而放弃？如果巴尔干各国顽强抵抗德国的攻势，会不会给苏联造成重大影响，从而能提供一些有用的帮助呢？

显然，巴尔干各国受共同利益支配，目前来看，只要他们愿意把这个共同利益纳入自己的未来计划加以考量，各国之间的关系就会受到共同的情感纽带影响。巴尔干各国的利益大致是相同的，我们现在所拥有的资源虽然有限，但也在慢慢增长，因此我们能否拿出部分资源去推动这些国家为了共同事业而一致对外呢？还是干脆反过来，我们只需顾好自己的事情，只管打赢非洲东北部的战争，而任由希腊、巴尔干各国、土耳其还有中东其他一些国家走向毁灭？

倘若我们果真干脆地这样做了，那我们的精神压力就小多了。许多下级军官在他们的著作中是拥护这一决策的，他们也曾向我们提过。这些作者们当然知道，指出我们遭遇的不幸是有好处的，但他们没有充分考虑到这种反面政策会带来怎样的后果。如果希特勒不费一兵一卒就能让希腊屈服，把巴尔干各国并入他的统治体系里，强迫土耳其给他的军队提供南下和东进的通道，那他不也可以就征服和瓜分这一大片区域和苏联谈条件，从而把与苏联无法避免的终极纷争往后推吗？或者更有可能的是，以他现在的能力难道不可以用更大的兵力提前进攻苏联吗？接下来的几章所要探讨和揭露的主要问题是：英王陛下政府是否曾以自己的实际行动对希特勒在东南欧的行动产生过具有决定性的重大影响，以及这种行动是否影响过苏联的行动继而改变他的命运。

* * *

在前文中我已经提过，当希腊被意大利进攻的时候，我们向希腊伸出援手，派出四个英国空军中队驻扎在希腊的飞机场，配合作战很成功。我们现在就来看看德国那边取得了什么进展。

1月7日，里宾特洛甫通知驻莫斯科的德国使团负责人：

自1月初以来，强大的德国军队从匈牙利顺利进入罗马尼亚。这次行动得到了匈牙利和罗马尼亚政府的一致同意，并且还在持续。德国军队将会暂时驻扎在罗马尼亚南部。我们之所以这么做是因为我们思量再三后，觉得非常有必要把希腊境内的英国人全部驱赶出去。德国军队绝对有这种实力，能够轻松应付在多瑙河流域内的任何军事任务，和其他任何突发事件。我们之所以这么做只是为了让英国军队在希腊没有立足之地，并非针对任何一个巴尔干国家，包括土耳其。

关于这次谈判的指示，总的来说，应尽量保持谨慎的态度。如果对方步步紧逼，提出正式询问，那就随机应变，就说这类询问应在柏林提出。如果会谈无法避免，那在发表意见时就笼统带过。说的时候记得提到，我们接到可靠消息，英国派遣到希腊的各类增援部队数量越来越多了，还可以提到一战时的萨洛尼卡战役①，让他们回想起那时的情景，从而显得更加有理有据。如果他们问起德国目前的军队实力，暂时不能明说。之后我们找个合适的时机再公布全部军队实力，并且还会夸大一点，以鼓舞人心。至于具体的时机，我会在适当的时候通知你。

当天，里宾特洛甫还致电德国驻日本大使：

请秘密通知日本外交大臣本人，目前，相当强大的德国分遣部队正被调往罗马尼亚。这次行动得到了匈牙利和罗马尼亚政府的完全同意。这次的军队调动是为了防止英国军队在希腊得到立足之地而采取的一项预防措施，如果英国军队顺利进驻希腊，那么我们将会采取必要的干预，到时候我们预先调过来的军队就派上用场了。

德国驻莫斯科大使舒伦堡于 1 月 8 日回复里宾特洛甫：

关于调遣德国军队到罗马尼亚的行动，这里已经谣言四起。有传言说参与这次行动的士兵估计有二十万。不过政府部门、广播和苏联的新闻报纸还未谈及此事。

---

① 一战期间，英法联军十五万人在希腊东北部港口萨洛尼卡登陆，企图控制希腊并进而增援塞尔维亚和黑山，但由于行动迟缓、中途遭保加利亚军队攻击，未能及时给塞军以直接有效的支援。——译者注

苏联政府势必会对此次军事调动密切关注，他们想知道这次军队调动的目的何在，尤其是对保加利亚和土耳其（海峡）会有何种程度的影响。对此，我该如何应对，请明示。

德国外交大臣于当天复电。

里宾特洛甫致舒伦堡：

　　请不要同苏联政府提及德国向罗马尼亚增调军队一事。如果莫洛托夫先生或苏联政府中其他一些有影响的人士问及此事，你就说，根据你掌握的消息，德国军队的调动完全是针对英国做出的预防性军事措施。英国已派遣军队进入希腊国土，估计他们不久还会继续增派部队。不管任何情况，德国都不会容忍英国在希腊国土上获得立足点。总之，在未收到进一步指示前，不要谈到具体细节。

1941 年 1 月 8 日

*　　*　　*

1 月中旬，苏联人感到非常焦躁不安，于是到柏林提出了这个问题。1 月 17 日，苏联大使拜访德国外交部，递交了一份简报，内容如下：

　　综合各种情报来看，大量的德国军队进驻罗马尼亚，此刻正准备往保加利亚进军，意图拿下保加利亚、希腊和土耳其海峡。毫无疑问，英国肯定会去阻止德军行动，占领土耳其海峡并联合土耳其对保加利亚发起军事行动，从而把保加利亚变为战场。此前，苏联政府曾多次向德国政府声明，保加利亚和土耳其海峡是保障苏联安全的区域，倘若有任何威胁到苏联安全利益的事发生，苏联政府一定不会袖手旁观。

因此，苏联政府认为有必要在此提出警告：任何外国武装部队出现在保加利亚和土耳其海峡，都将被看作是对苏联安全利益的侵犯。

1月21日，德国外交部召见苏联大使，称德国政府并未收到任何有关英国计划占领土耳其海峡的消息。他们也不相信土耳其会允许英国军队进入本国领土。但是他们接到消息称，英国意图进驻希腊，此刻正在做准备。德国政府的一贯方针是，绝对不允许英国军队进驻希腊，因为这会威胁到德国在巴尔干地区的切身利益。德国之所以在巴尔干聚集兵力，只是为了阻止英国在希腊国土内获得立足点。英国一旦在这些地区站稳了脚跟，势必影响苏联利益，因此，德国政府相信这项行动也是符合苏联利益的[1]。

于是，这件事便告一段落。

*　　*　　*

几天后，我写信给土耳其总统。

首相致伊诺努总统（安卡拉）：

  总统先生，我之所以直接写信给你，是因为土耳其和英国的利益正受到越来越大的危害。我接到可靠消息，德国人正在进驻保加利亚飞机场。临时营房正在搭建中，数千名勤务人员已经先一步到达。他们能这么做，毫无疑问是保加利亚皇家空军和保加利亚政府的一味纵容。很快，可能再过几个星期，德国士兵和空军中队进驻保加利亚的行动就会开始。他们的空军中队只需从罗马尼亚的空军基地飞往此刻正在筹建的位于保加利亚的基地，就可以立即投入战斗。到那时，

---

[1] 《纳粹—苏联关系》，第268，271—272页。

除非你表明立场，反对德国进攻保加利亚，或者反对让德国军队借道保加利亚，不然德国会在当天晚上把伊斯坦布尔和阿德里安堡也一起炸了，同时用俯冲轰炸机轰炸你方驻色雷斯军队。

毫无疑问，德国是想不费一枪一弹占领萨洛尼卡，并迫使希腊同意交好，将希腊及其周边岛屿上的空军基地让给意大利，这样一来，我们在埃及的驻军和土耳其军队之间的交通就会受到威胁，我们的海军将无法利用士麦那的港口，到时候德国将完全控制达达尼尔海峡的出口，从三面包围土耳其位于欧洲的领土。总体来看，他们进攻亚历山大和埃及也会更容易。

总统先生，我知道，在生死攸关的时候，土耳其会正式宣战。但是我们为什么一枪不开、一言不发，就将保加利亚飞机场的控制权拱手让给敌人呢？

实际上，德国正准备像去年4月到5月对法国边境一样，对土耳其边境故技重施。但是这一次，德国所遇到的不是像丹麦、荷兰和比利时这些犹豫不决、畏首畏尾的中立国家，而是一个共犯和过去的同盟者——保加利亚。保加利亚无疑已失去了抵抗的意志，实际上也从来没有力量去抵抗。我再次声明，上述一切可能在2月或3月就将降临在我们头上，事实上，当保加利亚的飞机场已经做好迎接德国空军的准备，德国空军和地勤人员的先头部队顺利进驻时，他们甚至都不用大规模地调动军队，就可以利用所有资源。难道我们就打算作壁上观，眼睁睁看着敌人有条不紊地做准备，向我们发动致命一击吗？

我认为，如果我们连基本的慎重和预见都没有，那么我们就该受到来自各个国家的严厉谴责。

此时此刻，我觉得我们已经等得太久了。

总统先生，我提议，为了保卫土耳其，你我应效仿德国

人在保加利亚飞机场所采取的措施。英王陛下政府希望你这边准备好后，我们便尽早派遣至少十个战斗机和轰炸机中队到土耳其，此外，现在有五个中队正在希腊作战，一旦希腊投降或者被打败，我们便将这五个空军中队转移到土耳其飞机场来。与此同时，我们最精锐的空军部队实力日益增强，我们打算让空军部队从土耳其基地起飞进行空战。这样，我们就可以给土耳其陆军增添空军支援，以便让陆军更好地发挥自己的实力。

不仅如此，如果德国人已经进入保加利亚国境内，或者在保加利亚的德国空军人员不马上撤离的话，一旦我们的中队到了土耳其飞机场，你们就宣称在土耳其起飞去轰炸罗马尼亚的油田，以此来威胁敌人。不过如果没有你的同意，我们是不会在土耳其飞机场做出这种行动的。

将来还会有更多的问题。苏联的态度不明，我们希望苏联能保持忠诚、友好的立场。要想阻止苏联去帮助德国，最好的办法（哪怕是间接的办法）就是拥有一支实力强大的英国轰炸机部队，能够（从土耳其出发）去攻击巴库的油田。苏联很大一部分农业都依赖这些油田，一旦油田被毁，就会出现大面积的饥荒。

一旦有了空军的防卫，土耳其就能够有办法阻止德国铁蹄踏入保加利亚和征服希腊，同时消除苏联对德国军队的畏惧心理。要想抓住这关键的机会，就得马上行动，一分一秒也不能拖。只要你同意，英王陛下政府会马上发布必要的命令，派遣我们的前线人员立刻启程前往土耳其。他们是穿军服来，还是穿便衣来，完全遵照你的意见行事。

另外，我们准备给你运送一百门高射炮，这些东西现在不是在埃及境内就是在去埃及的路上。高射炮都配有专门的操作人员，至于穿制服还是伪装成教练员都随你。

我已经和查克麦克元帅讨论过其他所有的方案，包括海

军方面的计划，时机一到就会立刻行动。

我们之前在利比亚打了胜仗，所以如果我们两个国家结成了战时同盟，就能够对土耳其提供直接及时的援助。希望你我团结一心，用我们日益强大的军队力量来支持你们英勇的军队。

1941 年 1 月 31 日

＊　　＊　　＊

我还将下面的备忘录发给三军参谋长。

首相致参谋长委员会：

我们一定不能忽视之前传达给韦维尔将军的决定，一旦托布鲁克被攻陷，必须优先考虑希腊和土耳其的形势。若能进军班加西则最好不过了，我在后来的几封电报也强调了这一点。然而，在调用军队时，应以不与欧洲需求冲突为准则。根据目前的情况看，预计要到 2 月底才能攻下班加西。韦维尔将军必须要了解这个形势。举例来说，我们之前承诺要给土耳其的空军支援就不能拖到 2 月底。然而，或许这两件事情可以同时进行。

1941 年 1 月 31 日

于是，三军参谋长给中东的几个司令官发去电报，提醒他们注意我给伊诺努总统发的信息，此外，还添加了以下内容：

目前最要紧的事情是抵御德国入侵保加利亚。在不损害欧洲利益的前提下，进军班加西、保护埃及和位于地中海东部的舰艇部队是有好处的。因此，尽早占领班加西是重中之重。至于你们希望进行"下颚"作战计划（罗得岛），我们

非常赞成，为此，我们不惜把西地中海的类似行动推迟了几个月，已经派了三艘"格伦"式快速运输舰给你。我们会这么做，是希望能阻止德国空降部队占领"下颚"，不然我们与土耳其之间的交通就会受阻。我们此前已经让你们尽早开始这次行动。

总而言之，我们必须再次提醒，希腊和土耳其的局势是头等大事，考虑事情的时候一定要摆在第一位。

这个时候，我清楚土耳其的情况很危急。虽然我们战前签订了条约，但现在局势已经变化，我不确定这一条约对土耳其是否还有约束力。1939 年战争刚打响的时候，土耳其曾经动员了强大勇敢的精锐部队。

但这一切都是以第一次世界大战时的情况为参照。土耳其的步兵还是和以前一样优秀，他们的野战炮兵也很强。但是他们缺少现代化的武器，自从 1940 年 5 月以来，事实证明现代化武器在战争中的作用越来越重要。土耳其的空军实力很弱，配套设施极其简陋。他们没有坦克和装甲车，没有制造和修理这类车辆的工厂，也没有受过训练的能使用这些车辆的士兵和人员。他们基本没有高射炮或反坦克炮，通信设施很不完善，甚至还不知道有雷达。他们生性好战，但对发展这些现代化的设备并不感兴趣。

另外，德国在 1940 年的几次战争中，从法国还有一些低地国家缴获了大量武器装备，他们用这些装备将保加利亚基本上武装起来了。现在德国拥有大量的现代化武器，可以用来武装他们的盟国。就我国而言，我们在敦刻尔克一战中损失惨重，现在一方面要建立本土军队以防外侵，一方面要应对闪电战给我国带来的持续压力，同时还要继续在中东作战，所以我们只能在牺牲其他迫切要求下，给其他国家提供少量的武器援助。照这样看，与保加利亚的军队相比，驻色雷斯的土耳其军队处于极其不利的境地。到时候，如果德国再增加空军和装甲分遣队的数量，哪怕不多，土耳其恐怕也承受不住。

在现在这个战争不断扩大的阶段，唯一的办法就是希望联合南斯拉夫、希腊和土耳其的军队，有组织地作战。我们正在努力朝这个方向走去。我们对希腊的援助还停留在第一阶段，只派了几个空军中队去，这几个空军中队还是在墨索里尼袭击埃及的时候被我们派去希腊的。我们原打算在第二阶段往希腊派遣技术部队，这在三军参谋长的电报中已做了说明，但是希腊人不同意，他们的理由可以理解。我们现在进行到第三阶段了，有望在班加西及其周围地区建立一个安全可靠的沙漠侧翼，并在埃及集中最大数量的机动部队或者战略预备军。

我们就是在这种情况下进入了 2 月份。

FIVE

闪电战与反闪电战

德国准备进攻苏联——闪电战的三个阶段——敌方空军以燃烧弹轰炸伦敦——下议院被毁——德国航空部队调往东部——射束之战延期——鲁道夫·赫斯在苏格兰登陆——我对希特勒想法的解读——我就如何对付希特勒做出指示

1940 年末，我们仍持续遭受闪电战袭击，那么，在这种情况下就十分有必要展望一下未来，对我们还要遭受多大苦难进行估算。敌人对我们的工厂和人民所进行的夜间空袭还要持续多久？以及这一袭击所造成的破坏程度是否还会持续增大？

首先我们要准确评估德国空军的实力，包括实际力量和相对力量，此外，还要对他们 1941 年可能执行的计划进行推测。

首相致空军大臣及空军参谋长：

毫无疑问，德国必将在这个冬天大规模地扩充他们的空军，估计他们会在明年春天对我们展开更大规模的空袭。我们一定要估算清楚在 3 月 31 日之前以及 6 月 30 日之前，德国空军规模将扩大多少。当然，不一定非要以这两个时间点为参照，若有其他更方便计算又同样能说明问题的时间点也可以。重要的是，切勿夸大德国的能力，如此一来，一些限制性因素，比如引擎、特种原材料、飞行员训练以及我方所造成的轰炸效果才具有重要意义。此外，我们还应密切关注德国对被占领国家工厂的使用情况。

如果你所属的情报处能就这一重要问题向我发送一份报

告（最多两三页纸），那是最好不过了。在准备这份报告的时候，如果你们能和林德曼教授保持沟通，办起事来就会非常顺利，我们也就不用担心因为计算标准的不同而产生争执。我希望报告内容尽量简短，但我想看到具体的数据和推理过程。我不确定飞机生产部对这一过程到底了解多少，如果各部门之间的意见一致，那我就会放心许多。至于具体该怎么做，请向我汇报。请一个星期后给我答复。

1940 年 12 月 2 日

在林德曼教授和他所在的统计处的帮助下，我开始慢慢地探索这一不明朗的领域。我们分析了空军部门所提交的报告，并将报告里的内容与经济作战部、空军情报处以及飞机生产部的判断作了比对，我们发现各个部门的报告在数据和论断上存在着很大差异。但我容许部门之间存有不同的意见，因为这是找到真相的一个好方法。在这三个部门中，职位较低的官员们相处比较融洽，因而非常容易进行协调。一天下午，我把他们都聚集到首相别墅，以进行讨论，对此我也感到十分开心。他们各抒己见，提出自己认为准确的事实和数据，但又因这些数据疑点重重而被推翻。各方所提供的证据之间存有很大差异，而在场的每个见证人又急于找出真相，而我认为，在这个时候需要一位判断公正、思路清晰敏捷、没有先入之见的人来做决断。因此，我让相关人员将自己认为最有说服力的证据提交给一位杰出的法官，由他进行调查。

首相致空军大臣及空军参谋长：

上周六，我和空军情报局，以及经济作战部的官员们一起讨论了四个小时，可还是没有得出谁是谁非的结论。

或许真相就在其中。这件事情对我们未来的规划至关重要，同时，它还会影响到我们以后的用兵计划。上面所提到的两个部门，他们之间的关系非常友好，我非常希望这两个

部门的官员能够面对面坐下来，一起进行调查，筛选证据进而找出真相。此外，我们还需要一位正直不阿、善于分析和判断的主席来认真掂量这些证据，并进行反复核查。法官辛格尔顿先生曾有过当炮兵的经验，最近我还让他做了一个关于飞机炸弹瞄准器的调查，所以我想请他来主持讨论，也希望他能解开种种谜团，找出有价值的线索，可是，我又不太确定他是否能胜任这一工作。当然，我们还是要向他提供现有的一切材料。在做出任何决定之前，我想听听你们的意见，此外，我已经把我们周六所讨论的内容写成一份报告，供各部门参考研究。若对报告中的任何内容有疑问，欢迎大家质询、修正或者推翻之。我已经向各部门发了一份副本，这个报告将作为本次调查的纲要。

1940 年 12 月 9 日

我足足花了几个小时的时间亲自完成了这份报告。

首相致空军大臣：

据空军情报处估计，德国每月大概能制造一千八百架飞机，其中只有四百架用作教练机①，这个数量似乎太少，因为德军前线的实力是我军的 2.5 倍。就我方来说，如果空军部每次都是出于正当理由而使用教练机，如果我们不是毫不顾惜地使用教练机，（如果不是）把大批教练机停放在机场上闲置，那么德国便无法凭借如此少量的教练机维持其前线的战斗力。

在这一周日，法官辛格尔顿先生将前来与我共进午餐，我到时会派他负责我们已经定下的调查工作。

1940 年 12 月 13 日

---

① 教练机是训练飞行员从最初级的飞行技术到能够单独飞行与完成指定工作的特殊机种。——译者注

＊　　＊　　＊

　　法官辛格尔顿先生与飞行员们及其他专家合作得十分愉快，工作进展也十分顺利。1月21日，他将报告最终版本递交给我，而最难的是用实际数字对英德两国之间的空军实力进行比较。每一方都将空军力量分为几个项目：在编飞机、飞机总数、作战适用型飞机、前线飞机。这些项目区别明显，随意性大，变动性也大。

　　况且，英国皇家空军有本土空军与海外空军之分，然而，此时德国空军都在国内，我就不用一些有争议的数据为难读者了。法官的结论是，德国与英国的空军实力之比大概为四比三。空军情报处认为德国的比重还要再大一点，经济作战部认为德国的比重没那么大，但整体数值相差不大。因此，辛格尔顿先生的结论就成了我们工作所遵循的基准。他所做的报告内容给了我很大的鼓励，报告显示，我们的空军实力正在一步步赶超德国。法兰西之战刚开始时，德国的空军实力是我们的两倍之多，此刻已经变成了四比三。战争结束之后，我们才知道其实两国实力对比更接近三比二。这是一个很大的进步。一方面我们空军的发展速度还没有达到顶峰，另一方面美国前来支援的飞机还在路上，并未抵达目的地。

＊　　＊　　＊

　　1940年底，希特勒已经意识到，直接空袭无法摧毁大不列颠。大不列颠之战令他首次受挫，因为对城市的狂轰滥炸并未吓倒这个国家和它的政府。

　　德国准备在1941年初夏进攻苏联，还为此投入了大批空军。从我们5月底之前所遭受的多次激烈轰炸中可以看出，敌人已不再集中全部火力攻击我们。对我们来说，遭受多次轰炸是极其残酷的事情，但对于德国最高统帅部或德国元首来说，轰炸英国已经不是他们的主要

目标。在希特勒的理想蓝图里，继续空袭大不列颠只是集中手段为对付苏联做必要和便利的掩护。希特勒认为，倘若一切顺利，他们只需六个星期就可以像摧毁法国一样摧毁苏联。因此，他们接下来就可以集中所有德国军队，在 1941 年秋天全力进攻大不列颠。而在此期间，英国这个顽强的国家会慢慢耗尽所有精力，首先，他们会派出远程飞机协助 U 型潜艇对其进行封锁，接着将空袭城市，尤其是港口。现在，德国陆军的"海狮"计划（针对英国）已经被"巴巴罗萨"计划（针对苏联）所取代。德国海军接到命令，要集中对付我们在大西洋上的交通线，而德国空军则负责对付我们的港口。这一计划比对伦敦及其市民进行狂轰滥炸更加致命。但幸运的是，他们没有继续用尽全部力量对付我们。

*　　*　　*

回想起来，1941 年的闪电战分为三个阶段。第一阶段是在 1 月到 2 月间，恶劣的天气阻碍了敌人前进，他们只攻击了加的夫、朴次茅斯和斯温西，并未取得实质性进展，因而我们的民防组织得到一次极好的喘息机会。港口紧急事务委员会体系代表着一切与港务机构有关的重要权益，早在战前就由帝国防务委员会建立起来。经过 1940 年冬天的艰苦磨炼，再加上后来军事运输部的分权支持，现在这些港口的紧急事务委员会已可以自力更生、有效克服困难，此外，他们对通过地区委员进而获得外界援助也比较有把握。我们十分重视一些积极的防御方法，比如烟幕和诱敌篝火。当地居民很讨厌烟幕，因为这会污染他们的房屋，但是后来烟幕却在保护英格兰中部工业中心时大显神威。诱敌篝火，或者称之为"海星"，主要用来迷惑敌人的轰炸机。与此同时，我们还将整个防御计划整合成一个配合得当、运作协调的系统。

天气转好以后敌人便蠢蠢欲动，于是，新一轮的闪电战又开始了。第二阶段，有时将之称为"德国空军的港口之旅"，是从 3 月初开始

的。敌方每天会进行一到两次空袭，尽管轰炸十分激烈，但并未彻底摧毁我们的港口。3月8日及接下来的三个晚上，朴次茅斯遭到猛烈轰炸，船坞也被摧毁。12日，默西赛德郡遭受攻击。13日和14日，德国空军对克莱德河进行首次猛烈轰炸，居民死伤超过两千人，船厂停工，有些工厂甚至到6月份才复工，而有些则推迟到11月。约翰·布朗造船厂因大火停工，直到4月份才能恢复正常生产。3月6日，这家公司受到大范围罢工影响，大部分罢工的工人由于遭受轰炸而无家可归。但正是由于遭受轰炸所带来的痛苦和危险又令他们再次回到船厂，并积极投入到生产中。默西赛德郡、英格兰中部地区、埃塞克斯郡和伦敦在3月底又遭受了一轮轰炸。

　　而在4月份以后，德军便展开最猛烈的空袭。4月8日，敌人首先集中火力轰炸考文垂，其次是朴次茅斯。而伦敦则在16日和17日遭受严重空袭，在这期间共两千三百人死亡，三千多人重伤。第三阶段，也是最后阶段，敌人试图轰炸我们的大部分主要港口，他们对一些地方的轰炸时间甚至长达一个星期之久。4月21日至29日，普利茅斯遭受空袭。尽管我们借助诱敌篝火保住了一些船坞，但这对整个城市造成了巨大的损失。

　　5月1日则是整个空袭的顶峰。利物浦和莫西河一带连续七个晚上遭受袭击，这造成七万六千人无家可归，三千人死伤。原有一百四十四个停泊点，其中有六十九个被炸得无法使用。而船只吞吐量曾一度减少到原来的四分之一。如果敌人继续轰炸下去，那么大西洋之战更加胜负难分。但像往常一样，敌人转而袭击别处。连着两个晚上，敌军都对赫尔发动猛攻，四万人所居住的房屋被毁，粮仓被炸，海军机械厂停工达两个月之久。而就在当月，敌人又一次袭击贝尔法斯特，这个地方之前已经被轰炸了两次。

＊　　＊　　＊

　　4月12日，我以布里斯托尔大学名誉校长的身份授予美国大使南怀特先生、哈佛大学校长科南特博士以及澳大利亚总理孟席斯先生名誉法学博士学位。我的夫人与我同行。晚上，我们的列车停靠在野外的一条铁路侧线上，但是我们还是能够看到布里斯托尔城遭遇的激烈的空袭，炮火声不绝于耳。第二天一大早，列车进站，我们直接奔向饭店。我在那里见到了很多高级官员，接着便马不停蹄地赶往市里遭受空袭最严重的地方巡视。空袭服务部的人忙得不可开交，不断有人从废墟之中被挖出。人民所遭受的苦难如此深重，但他们的意志依然坚不可摧。在一个休息站里坐着一群老妇人，她们的家已经被毁，看起来仍是一副惊魂未定的样子，场面十分凄惨。看到我走进去的时候，她们却立刻把眼泪擦干，大声地为英王和国家欢呼。

学位授予仪式如期进行。我用了一个小时乘车巡视遭受空袭最严重的地区，随后来到布里斯托尔大学。一切都按照严格的仪式进行，但是大学旁边的一栋大楼仍在燃烧。尽管几位主人公外面套着崭新的学位长袍，但仍然掩不住他们因为一夜忙乱而被汗水浸湿，已然弄脏了的制服。这番情形着实让人感动。

我说："在今天到场的人当中，有很多是彻夜坚守在岗位上的，大家一直都处在敌人剧烈而持久的炮火轰炸之中。今天你们以这种方式聚在一起，是毅力、是冷静、是勇气、也是超脱世俗的品质体现。与我们所熟知、所相信的古代罗马和现代希腊所拥有的一切优秀品质相比，你们毫不逊色。"

每当我可能有几个小时或者一天不用处理总部事务的时候，我就去各地看看。这次，我看到了敌人空袭所造成的伤害，但我也同样看到了，在战后的废墟之中，那一双双沉着自信、明亮又带笑意的眼睛仍然闪烁着光芒，仿佛他们已经意识到，自己的命运已经和一项崇高的事业联系在一起，而这项事业已经超脱任何人类或是个人的问题；我还看到了不可征服的民族精神。我也看到，它从自由中孕育，在几百年来代代相传的传统中成长。在这一刻，在这个世界历史性的转折点，这种精神一定能让我们担负起自己的责任，那么，我们的子孙后代也将没有任何理由去指责他们的祖先。

*　　*　　*

与此同时，"巫术战"正以一种奇特的方式逐步开展。至于巫术战中第一批新式武器的制造情况，我在前文中已经提过。当时，雷达的作用还尚未可知，但我们的科学家保证以后一定能派上用场，我们也选择相信。所以，早在1937年秋天，我们就根据这个设想重新制订了大不列颠空防计划。1938年9月，当张伯伦先生的专机载着和平代表团出国时，我们最初沿海雷达网中的五个雷达站，即防护泰晤士河口的五个雷达站，就已经能够准确地捕捉到飞机的往返轨迹。从1939年春开始，敦提到朴次茅斯之间的十八个雷达站就已开启全天二十四小时监测，这在其后的六年时间里从未中断。

这些雷达站就是空袭警报机构的忠实守门人，它们保护我们的战时生产免受严重损失，还免除民防工作人员难以承受的负担。高射炮手们也无须时时刻刻坚守在操作岗位上，以免浪费时间；我们因而得以避免人力和机械的消耗。虽然战斗机队伍的实力无与伦比，但数量太少，天天巡逻也会消耗掉太多战斗力，到时候势必难逃厄运。虽然这些雷达站对夜间截击的精确度还不够高，但它们却能在白天让战斗机在最佳高度和方位上静候敌机。雷达站在白天的战斗所取得的胜利中做出了杰出贡献，同时也得到其他配备新式技术监测站的支持和辅助，而这些监测站在低空飞行的敌机逼近时就会发出警报，尽管警报十分短暂，但却非常有价值。

*　　*　　*

1941年间，尽管德国对射束①进行了种种改进，但我们仍然可以

———————————

　　①　一种用接近光的速度发射电子、质子、中子等离子流，并通过聚焦产生高能热效应的武器，用于破坏目标上的电子设备和装置。——译者注

进行干扰。举个例子来说，5 月 8 日晚上，德国人打算在两个地方发起空袭，第一个地方是在德比的劳斯莱斯工厂，第二个地方是诺丁汉。他们原本打算射往德比的射束遭到了我们的干扰，结果诺丁汉遭到了袭击，前一晚的小火一直燃烧到第二天。由于计算误差，第二次轰炸落到了贝尔沃山谷，从这个山谷到诺丁汉的距离和从诺丁汉到德比的距离大致一样。德国公报宣称，德比的劳斯莱斯工厂已被炸毁，实际上德国空军根本未靠近德比。二百三十颗高爆炸弹和大量燃烧弹被投掷在空旷的山谷，而仅有两只小鸡伤亡。

德国的最后一次空袭也是最惨烈的一次。5 月 10 日，敌机载着燃烧弹回到伦敦，这次袭击导致两千多个地方着火，还炸毁了一百五十多处自来水管道。当时恰逢泰晤士河退潮，所以我们无法扑灭火灾。第二天早上 6 点，我们所接到的报告称，有数百处火情无法控制，有四处火灾一直持续到 13 日夜间。这次空袭是整个夜间闪电战中破坏性最大的一次。五个码头和七十一处要害地区（其中一半是工厂）被击中。所有主要的火车站，除一处之外，甚至长达几个星期无法通车。直达干线直到 6 月初才恢复全线通车。死伤人数达三千余人。从其他方面来看，这次空袭也算是颇具历史性。下议院被毁，一颗炸弹所造成的破坏，我们很多年都难以修补。不过值得庆幸的是，当时下议院里并没有人。与此同时，我方高射炮部队和夜间战斗机击毁了十六架敌机，这是我们在夜间战斗中所取得的最大成果，而这很大程度上要归功于我们一整个冬天在巫术战中所付出的辛劳。

我们当时并不知道，这是敌人临别前的最后一击。5 月 22 日，凯塞林将空军司令部转移到波森，6 月初，他将全部空军调至东部。将近三年以后，也就是 1944 年 2 月间，伦敦民防组织才不得不对付一些小型"闪电战"以及随后的导弹袭击。从 1940 年 6 月到 1941 年 6 月的十二个月中，我国居民死亡人数达四万三千三百八十一人，重伤人数达五万零八百五十六人，伤亡人数则共计九万四千二百三十七人。

敌人除了用雷达协助高射炮部队作战外，还将其主要精力放在像射束这种攻击性的设备研发上，而等他们发现需要一些防御设备时，

1941 年已经过去了一大半。在大不列颠，我们理所应当地将寻找定位目标的工作交给航空学校，这些学校规模很大，投入也多，最开始我们打算将雷达用于自我防卫。在我们掌握射束技术之后，情况也渐渐好转时，我们就开始研究德国的雷达系统，为的是能在反击时扫除障碍。1941 年 2 月，我们首次发现并拍摄到德国的一个供侦察机使用的雷达站，也几乎是在同一时间，我们接收到了它所发出的电波。这个雷达站位于瑟堡①附近。后来，在摄影侦查和特工的帮助下，我们沿着欧洲敌占区西海岸寻找到了近似的雷达站。到了 1941 年年中，英国皇家空军准备对德国进行大规模夜间空袭。若想顺利实施行动，我们就必须非常了解德国的全部防御设施。他们的设施很有可能和我们的一样，依靠雷达运作。在对海岸线一带的德国雷达站进行一番研究后，我们又要逐步回到德国夜间战斗机的防御问题上。这些战斗机的防御范围是以石勒苏益格（丹麦南部）—荷尔斯泰因（德国北部）为起点，穿过德国西北部和荷兰，直达法国—比利时边境。但是，在 1941 年的最后几个月，无论是我方还是敌方的新设施都没有发挥作用。德国的轰炸机部队曾信心满满，要在六个星期之内拿下苏联，然后凯旋。如果真能凯旋，那么这些轰炸机部队在进攻大不列颠时就能够得到更多新的射束站的支持，这些射束站设在英吉利海峡沿岸，拥有更强大的发射器，并且能帮助德国轰炸机冲破英国的干扰，进而准确定位。尽管如此，我们还是有用以干扰和回避新射束的新型发射器，以及夜间战斗机上所配备的经过大幅改良的雷达。然而，德国可能会陷入与苏联的苦战，无法脱身，因此，这阻止了射束战的新一轮角逐。而我们与德国在无线电设施方面所投入的巨大努力还暂未派上用场。

*　　*　　*

5 月 11 日，星期日，我在迪奇莱度过了周末。而晚餐过后就传来

---

① 瑟堡，法国西北部重要军港和商港，临近英吉利海峡。——译者注

伦敦遭遇猛烈空袭的消息。可是，我什么也做不了，于是就在主人的安排下看起马克斯兄弟主演的一部喜剧电影。在这期间，我出去了两次，询问空袭的情况，据说情况十分糟糕。这部电影非常欢乐，与此时的情形形成鲜明对比，这种对比看起来非常有意思。不一会儿，一个秘书告诉我有一个从苏格兰打来的电话，对方说代表汉密尔顿公爵，想与我通话。这位公爵是我的好朋友，他时任苏格兰东部一个战区的司令，但是我实在想不起来他有什么要紧的事非要现在和我说，连明早都等不了。他强烈要求和我通话，说是有一个惊人的消息要传达。于是，我派人去请他。他一到就和我说，他单独接见了一个俘虏，那个俘虏自称是鲁道夫·赫斯。"赫斯到苏格兰了?!"这太不可思议了，可这一消息千真万确。

他自己一个人驾驶飞机，身穿德国空军中尉制服，从德国奥格斯堡机场起飞，跳伞着陆。他一开始说自己叫"霍恩"，因为他着陆时受了轻伤，所以就被送往格拉斯哥附近的陆军医院，而这时我们才知道他的真实身份。不久，经过多次辗转后他被送往伦敦塔，后来又被转移到了其他监狱，一直待到 1945 年 10 月 6 日。那一天，他在纽伦堡的监狱里和一些旧时同僚重逢，他们都是在战争中存活下来的人，等待着胜利者的审判。

我觉得这一逃亡事件并没有什么重要价值。我知道这与事情的发展没有任何关系。这件事在英国、美国、苏联，尤其是德国引起很大的轰动，还有人专门为此写了书。我仅仅把我所相信的真相写在这里。

*　　　*　　　*

鲁道夫·赫斯是一个相貌堂堂的青年才俊，颇得希特勒青睐，后来他成了希特勒幕僚中的一名亲信。他非常崇拜希特勒，对处在紧急关头的世界性事件也十分有热情。他经常单独陪希特勒吃饭，有时也会与其他两三个人一起。他十分懂得如何揣摩希特勒的内心想法，比如希特勒对苏联的憎恨、对大不列颠的仰慕、殷切希望可以和英国皇室交好以及对其他国家的蔑视等。没有人比他更了解希特勒，在希特勒闲暇之余，赫斯也是与他会面最频繁的一个人。战争爆发以后，事情有了一些变化，和希特勒一起吃饭的人越来越多，三军将领们、外交官，还有一些高级官员也不时加入这个特定的强权圈子。这位副元首感到自己黯然失色。党的指示算什么？这是该采取行动的时候，而非嬉戏的时候。

他发现，在战争爆发以后，他再也无法像过去那样成为他所敬爱的元首的密友知己。于是，他开始存有嫉妒之心，而这又对他原有的性格产生了影响，所以，我们应当对他这次所采取的行动的价值打个折扣。在这里，他认为所有将领以及一些其他人都和元首关系密切，他们甚至同桌共餐，各自扮演自己的角色。但他凭借着他无比的忠诚和奉献精神，一定要带给元首更大的成就和慰藉，一定要比他们全部加起来所做的奉献还要大。他要去英国讲和，他的生命算不了什么，但他很乐意为实现这一美好愿望而舍弃生命！这些想法虽然天真，但一定不是恶毒和卑鄙的。

赫斯对于欧洲局势的看法是：英国已经被夺取了真正的权益，与德国不再交好，这都是那些好战者搞出来的事，丘吉尔就是其中一个肤浅的代表。只要他鲁道夫能够深入英国的中心，让英国君主相信希特勒一直是向往英国的，那么现在统治着这个不幸的岛国的邪恶势力就会被扫除，很多不必要的苦难也会随之消失。不列颠要怎么存活下来？法国已经被征服了。德国的 U 型潜艇很快就会破坏英国所有的海上交通；德国的空袭会把英国的工业搞垮，把城市摧毁。

但他能向谁求助呢？汉密尔顿公爵和他的政治顾问豪斯霍费尔①的儿子相识。他也知道公爵是皇室事务长，像他这样的人也许每天晚上都能与君主一起用餐，也能与国王推心置腹。这是能直接接近君主

---

① 豪斯霍费尔，德国地缘政治学家，被认为是希特勒背后的人。他的生存空间理论指导了二战时德国的战略选择。

的一个办法。

＊　　＊　　＊

几天后，德国的一家报纸发表了一篇通告，其内容是："看来，党员赫斯还真是活在幻想之中，他居然认为他能促成德英之间的和解……这位空想家成了他幻想的牺牲品，国社党对此深表遗憾。不过，这场强加于德国的战争将会继续，不会受到任何影响。"这件事让希特勒十分尴尬。这就好比我非常信任的同僚，一个比赫斯还要年轻一点的外交大臣，偷了一架喷火式飞机，跳伞降落在贝希特斯加登^①一样。纳粹党人抓了赫斯的几名副官，权当泄愤了。

首相致外交大臣：

1. 总的来说，将他（赫斯先生）当作一名战俘交给陆军部而非内政部处理更为方便；同时，他也有可能是被控诉为犯下严重政治罪行的人。像其他纳粹党的领袖一样，这个人可能是一名战犯，在战争将要结束时，他和他的同党很有可能会被剥夺法律权益。因此，如果他悔悟的话，这对他来说就会有很大好处。

2. 此外，现在应该在距离伦敦不远处选一所合适的屋子，将他严格地隔离起来，想方设法研究他的心理状态，问出有价值的情报。

3. 应确保他的健康和舒适，为他提供食物、书籍、文具以及消遣。除非外交部准许，其他时间内禁止他与外界有任何接触，也不允许有人来探访。委派特别看守人员进行看守。不允许他看报，也不允许他收听无线电广播。要尊重他的人

---

① 贝希特斯加登，德国东南部边境城市，位于阿尔卑斯山脚下，希特勒的"鹰巢"所在地。——译者注

格，就像对待落在我们手里的将军一样对待他。

1941 年 5 月 13 日

首相致亚历山大·卡多根爵士：

1. 请立刻将与赫斯所进行的三次谈话内容整理成一份详细全面的摘要，尤其要强调我（为下议院）拟好但还未发表的那篇声明中所提到的重要内容。我会将之发给罗斯福总统，同时也会附上一封电报。

2. 陆军部提议今晚将他送至伦敦塔，与此同时，也会在奥尔德肖特（英国国会选区）准备拘留他的场地，对此，我已做出批准。

1941 年 5 月 16 日

前海军人员致罗斯福总统：

外交部代表已经和赫斯进行了三次谈话。第一次谈话是在 5 月 11 日至 12 日晚上，赫斯看着自己的笔记，滔滔不绝。可以将他所讲述的内容概括为三部分：第一部分总结了过去三十年来英国与德国的关系，目的是指出德国一直都是正确的，而英国一直都是错误的；第二部分是强调德国一定会取得胜利，因为德国的潜艇和空中武器之间的配合不断进步、士气愈发坚定，德国人民也众志成城一起支持希特勒；第三部分提出了解决办法。赫斯说，对于英帝国，元首从来没有制订任何与之对抗的计划，英国只需归还德国的殖民地，除此之外，其他不会有任何变化。交换条件是允许希特勒在欧洲自由行动。但是还有一个附加条件，希特勒不会和现英国政府进行谈判。他故技重施，企图诱惑我们，令我们为暂时保住大部分国土而背叛我们的朋友。

外交部代表问道，他所提出的允许希特勒在欧洲自由行动，这里的欧洲是否包括苏联，苏联属于欧洲还是亚洲。他回

答道:"亚洲。"但他又补充道,德国对苏联的一些要求必须得到满足,他还对关于德国正计划进攻苏联的谣言矢口否认。

赫斯给人一种感觉,就是他认定德国一定能取得胜利,但他也明白战争将持续很长时间,这场战争将造成很多流血牺牲,也将导致无法避免的毁灭。他似乎觉得,如果他能够说服英国人相信有解决问题的可能性,那么战争就可以结束,从而避免不必要的痛苦。

第二次谈话是在 5 月 14 日,赫斯又提出两点:

1. 在任何和平解决的方案中,德国都会支持拉希德·阿里①,同时,他们还保证会将在伊拉克境内的英国人驱逐出去。

2. 德国方面在空军配合之下的潜艇战还会继续,直到把英伦三岛的一切供应切断为止。即使英伦三岛投降,但只要大英帝国还在坚持作战,对大不列颠的封锁就还会继续,哪怕所有的大不列颠居民都被饿死,封锁也不会解除。

5 月 15 日进行第三次谈话,他只是偶尔语气轻蔑地提到一些关于你的国家以及你们能够为我们提供何种援助的事情,除此之外,他没有透露任何其他信息。我尤其担心的是,他自以为十分了解你们的飞机类型和生产情况,实际上他对此并没有什么深刻印象。

赫斯的健康状况看起来还不错,他情绪平稳,也看不出有精神错乱的迹象。赫斯声称,这次冒险之举是他个人的想法,希特勒事先并不知情。如果他所说的属实,那么他是想和英国国内"和平运动"的成员取得联系,帮助他们推翻英国现政府。如果他为人老实、精神正常,那就充分显示出德国情报机构的愚昧无知,这也倒是件好事。我们不会虐待他,

---

① 拉希德·阿里(1782—1965),伊拉克亲德代表人物,1940—1941 年出任伊拉克首相。——译者注

但是报纸不该过度渲染他个人以及他的冒险经历。我们要记住，对于希特勒所犯下的罪行，他也负有责任。他以后可能是一名战犯，他的命运最终应交由盟国政府审判。

总统先生，以上所述仅供您个人参阅。我们认为最好是让报界继续报道这件事，好让德国人捉摸不透。关押在我们这里的德国军官听到这个消息后，内心大为不安。我认为，德国武装部队一定很不放心他到底说了什么话。

1941 年 5 月 17 日

赫斯自己对医生所做出的解释不足以说明问题。5 月 22 日，他的医生报告说："他说他一想到 1940 年德国大举空袭英国的行动就觉得很可怕。每次想起很多妇女和孩子们被杀的情景，他便会极度反感，尤其是在联想到自己妻儿时最为强烈。因此，他想飞往英国，他认为那里有很多反战派，因而可以和这些人讲和。他还强调说，这一举动并非出于个人利益考虑，而是受到一种与日俱增的理想主义支配。"

"正是由于他有这样的想法，所以当他听到卡尔·豪斯霍费尔，一位占星学家和预言家，表达出与他相同的观点时，他深受触动。豪斯霍费尔说汉密尔顿公爵是一个通情达理的人，对这种愚蠢的屠杀行为也深恶痛绝。他补充道，他曾经三次梦见赫斯开着一架飞机，不知要飞往何处。这些话出自这样一个人之口，想必是上天的旨意，让他以和平使者的身份飞到这个国家，寻找汉密尔顿公爵，并将之引见给乔治国王。推翻英国现政府，由向往和平的政党取而代之。他强调自己和统治阶级的'圈子'没有任何来往，因为这个'圈子'将会极力阻挠他。可是，他又说不出应由哪些政治家替换现有的统治阶级，貌似他压根不了解我国政客的名字和地位……他讲述了他是如何找到维利·梅塞施米特①，并在他的帮助下进行远程飞行训练，为飞往英国

① 维利·梅塞施米特（1898—1978），德国著名飞机设计师，二战时设计了多种优秀战斗机。——译者注

做准备；以及在一切准备就绪后，他是如何飞抵这里的。他一直说自己没有同党。他在安排航程、规划路线以及掌握飞行准确性等方面都表现得像个老手，因此，他能在距离目的地敦发尔加大概十英里的地方着陆。"

* * *

内阁请西蒙勋爵与赫斯进行谈话，于是，他们在 6 月 10 日会面。赫斯说："当元首意识到无法在英国讲情理的时候，他就遵循海军上将费希尔勋爵的行为准则——'打仗如果还讲适度，那就是愚蠢的。要打就狠狠地打，打到哪里算哪里。'但我可以证明，元首向来不肯轻易发布这类（让空军和潜艇）进攻的命令，因为这会令他非常痛心。英国人民成为这种作战方式的受害者，他也深感同情……他曾说，即使取得了胜利，我们还是要和战败国达成一致协议，而不是用苛刻的条件压制他们。"赫斯说的这些，主旨大意就是："我觉得只要英国明白这一事实，就有可能做好达成一致协议的准备。"只要英国知道希特勒是多么仁慈，它就一定会答应希特勒，满足他的愿望！

* * *

我们对赫斯的精神状况已经进行了多次医学专业鉴定，毫无疑问，他是一个精神病患者，患有精神分裂症，他想在追求权力和地位的过程中以及在对元首的崇拜之中寻求安宁。当然，这不仅仅是一个医学案例。他还坚信他能猜透希特勒。如果英国也有相同的想法，那将减少多少痛苦，达成一致意见简直易如反掌！如果德国能在欧洲自由活动，那么英国也能在其帝国范围内自由行动。除此之外，其他的次要条件是只需英国归还德国的殖民地、撤走在伊拉克的士兵以及与意大利停战讲和。实际上，英国已经无路可走。如果英国不接受这些条件，"德国迟早会取得胜利，到那时候就不得不同意"。西蒙勋爵针对这一点回答道："我觉得英国内阁并不会买账，因为你知道，这个国家压根不缺勇气，威胁对我们来说半点用处都没有！"

赫斯和希特勒的关系多好啊，可他居然不知道德国即将进攻苏联，而且为此正进行大规模的准备，这实在是令人吃惊，要不然他就是假装不知道。苏联政府对赫斯事件非常感兴趣，他们甚至对这件事做出种种与事实不符的臆测。三年后，我第二次访问莫斯科，我发现斯大林对这件事也十分感兴趣。在饭桌上他问我关于赫斯任务的真相，我简单地向他讲述了这本书里所提到的情况。我有一种感觉是，他认为德国和英国曾在私底下密谋联合进攻苏联，但这计划泡汤了。我印象中他是一个很聪明的人，但在这件事上却糊涂起来，这让我感到非常吃惊。当译员直白地和我说斯大林不相信我所说的话时，我回答道："我所知道的就是这些，我说的是事实，希望您可以接受。"而译员也如实翻译。对于这个有点生硬的回答，斯大林报以和蔼一笑。"即使在苏联，我们的特工处也不一定会事无巨细地向我汇报。"我就此罢休，没有再说什么。

*　　*　　*

回忆起整件事情的经过，我很庆幸我不用对赫斯遭到或即将遭到怎样的对待负责。对一个待在希特勒身边的人来说，无论他道德上犯了什么罪，在我看来，赫斯还是具有献身精神和仁爱之心，尽管举止疯狂，但也足以赎罪。他来英国完全是出于他本人的意愿，虽然没有得到当局的许可，但也具有某种特使的性质。我们应该这样看待这件事：他的行为与医学有关，与犯罪无关。

第六章

SIX

鏖战地中海

凯斯海军上将计划进攻班泰雷利亚岛——德军的"索斯安普敦"号被击沉,"格罗斯特"号受创——萨默维尔海军上将袭击热那亚——增援巩固马耳他岛驻军——我军攻克班加西——全面占领昔兰尼加——苏伊士运河受到水雷的威胁——战时内阁赞成向希腊派兵——前途未卜

自纳尔逊时代以来,马耳他岛犹如一名忠诚的英国哨兵,一直守护着地中海中心这条狭窄而又极其重要的海上走廊。在最近这场战争中,它的战略重要性尤为突出。我们需要在埃及部署大量的军队,因此,我们所要解决的两件头等大事:一是为我们的运输船队在地中海提供自由通道;二是阻止敌人向的黎波里增援。现在德国新型的空军武器给了我们沉重一击,这不但对马耳他岛构成很大威胁,还威胁到英国在这一狭窄海峡的有效控制权。要是没有这种先进武器的威胁,我们的任务会简单很多,我们可以在地中海地区自由行动,切断其他国家的海上交通。现在我们已无法将马耳他岛当作主力舰队的根据地。一方面,该岛本身就面临着意大利港口内敌人的威胁,另一方面该岛已经遭受到大大小小、不计其数的空袭。敌人拥有强大的空军实力,因此,我们在突尼斯海峡和马耳他海峡的运送通道将面临重重危险,甚至是无法通过。我们的运输船队被迫绕道好望角,可是,这样一来将会占用很多时间。面临敌方处于优势的空军,我们若想在地中海中部自由行动,就必须冒很大的风险,也一定会遭受损失,因而敌人可以开辟出一条向的黎波里运输军队和补给的路线。

意属岛屿班泰雷利亚距马耳他岛约一百四十英里,位于西西里岛

和突尼斯岛之间的西部海峡咽喉之处。该岛的防御工事一向坚固，它拥有一个地理位置极佳的飞机场。该岛是敌人从突尼斯到达的黎波里途中的一个重要据点。如果我们控制了这个地方，我们在马耳他岛的空军掩护范围也将随之扩大。1940 年 9 月，我曾让海军上将凯斯制订一个计划，用新组建的突击队夺取班泰雷利亚岛。我们的想法是在每艘戒备森严的运输船之后安排两到三艘军队运输舰尾随，这样，运输船队便会吸引敌军的注意力，而后面的几艘运输舰就趁黑夜偷偷掉转方向，出其不意地对该岛发起猛攻。我们把这个计划称为"车间"计划，三军参谋长对该计划越来越支持。凯斯劲头很足，声称要抛开海军上将的身份，亲自上阵进攻。

我和周围的同僚都认为，攻岛行动并没有太大难度，也不是不可尝试，但攻岛容易守岛难，更何况马耳他岛已然对我们造成了很大压力，因而能否守住马耳他岛令我们有些担心。尽管如此，在 1940 年 12 月 28 日，我发布了以下的备忘录。

　　首相致伊斯梅将军，转参谋长委员会：

　　　　经过反复考虑，我认为"车间"计划价值很高，不过，我们要有一个十全十美的计划加上一个好机会。如果"车间"计划成功付诸实施，那必将令人振奋，也会大大提升我们在地中海中部的战略地位。这对打通突尼斯海峡和马耳他海峡，开辟出一条让我们的商船队和军队运输船队能够顺利通行的航线也极为关键。这样一来，我们的海运压力将得到极大缓解。如果德国人接管意大利，那他们肯定也会霸占班泰雷利亚岛，一来该岛可以用来干扰航运，二来其便于抵御攻击，如果真是这样，我们的情况将会变得非常糟糕。因此，这一潜在危险令我们更加迫切地想要执行这一计划。

　　三军参谋长立即着手研究这一问题，我在新年期间又针对这一事件下达了以下指示。

首相致伊斯梅将军，转参谋长委员会：

1. 德国空军已经顺利进抵西西里岛，这可能是地中海中部局势恶化的开端。敌军的俯冲轰炸机成功袭击了我方"光辉"号和两艘巡洋舰，看来我们需要给这些军舰装备空雷投掷器。我不知道"光辉"号为何没有装备两个空雷投掷器，我们应尽最大努力将改良后的且适合海军使用的空雷派上用场。我们非常需要高速飞机在海上巡逻，找出俯冲轰炸机的踪迹。此外，在"可畏"号驶入地中海之前，我们当然要试着在舰上装备六架"格鲁曼"式战斗机。

2. 我很担心德国人在班泰雷利亚岛驻军。如果真的是这样，他们便能凭借强大的俯冲轰炸机队封锁海峡。古语有云："一针及时顶九针"，我担心这句古话又应验了。

3. 现在有必要重新审查"车间"计划。事态的发展比我们预计的更加紧急和困难，一旦德国进驻该岛，那就难上加难。我希望能在一个星期内对该计划进行修改和完善，精益求精。怎样才能尽早觅得最佳的进攻机会，这也需要制订一个计划。只有在方法和时机问题都解决后才能决定到底要不要实施这个计划。

4. 我还是坚持认为"车间"计划至关重要。

1941 年 1 月 13 日

大家已达成一致意见，但受其他事情影响，我们无法在原定于 1 月底的那一天开始行动。1 月 18 日早上，我们在契克斯首相别墅开会，我赞同第一海军军务大臣和其他参谋长们的意见，将行动推迟一个月。我本来可以坚持按照原计划行动的，但是我和其他人一样，有更重要的事情要忙，再加上又听说突击队还未完成训练，于是我就放弃了原定的日期。凯斯当时不在场，他知道这个结果之后一定会大失所望。推迟无疑是给了该计划致命一击。1 月还没过完，德军就已早早进驻西西里岛，局势也发生了天翻地覆的变化。

班泰雷利亚岛的价值不言而喻，但我们没有拿下。如果我们在1942 年成功占领该岛，那么我们的运输船队在杀出血路、通往马耳他岛的途中就不会损失那么多精良的船只，敌人通往的黎波里的航线也将遭到更大的破坏。反过来看，我们也可能会倒在德国空军的攻势之下，失去自身优势，进而令马耳他岛的防务变得困难重重。

我深深地感受到夺取班泰雷利亚岛的必要性，但我们已经失去机会。来自四面八方、各种各样的问题接踵而至。直到 1943 年 5 月，我们在突尼斯大败德军和意军，在艾森豪威尔将军的指挥下，一支英国登陆部队冒着猛烈的轰炸终于拿下了班泰雷利亚岛。那时，我们在这个战场上已是所向无敌，尽管事前我们认为任务很艰巨，但事后我们并没有遭受损失。

＊　　　＊　　　＊

1 月 10 日，我方海军与德国空军在海上首次展开激烈交锋。当时我方舰队正负责掩护几项重要任务，一是护送一艘从西面而来的运输船通过地中海中部，二是掩护其他船只从东边补给马耳他岛，三是让各种小规模的船队顺利驶入希腊。那天一大早，驱逐舰"豪侠"号在马耳他海峡执行护送主力舰队任务时，不小心触到水雷。不一会儿，敌方的飞机就出现了。当天下午，德国轰炸机发起猛烈进攻。他们把目标锁定在由博伊德海军上校所指挥的新型航空母舰"光辉"号。三轮袭击过后，"光辉"号被巨型炸弹击中六次，受到严重损伤，船身着火，造成八十三人死亡，六十人重伤，多亏舰上装备了装甲甲板，"光辉"号才得以成功反击，舰上的飞机至少击毁了五架敌机。那天夜里的袭击愈演愈烈，舰上的操舵装置失灵，博伊德上校只好把"光辉"号驶进了马耳他岛。

当天夜里，坎宁安海军上将带着主力舰队在马耳他岛南岸护送运输船队向东行驶，一路畅通无阻。第二天，就在巡洋舰"南安普敦"号和"格罗斯特"号即将抵达马耳他岛东岸时却遭到敌方俯冲轰炸机

的袭击，因为我方处于逆光位置，因此未能察觉敌机的来临。"格罗斯特"号被一颗炸弹击中，但炸弹没能成功引爆，因此只受了一点损伤。"南安普敦"号的机舱被击中，火情无法控制，无奈之下只得放弃该舰，不久就沉没了。虽然运输船队安全到达目的地，但我们的舰队却损失惨重。

德军发现位于马耳他岛的"光辉"号受损严重，情况不佳，便决定将之摧毁。但是我们在马耳他岛的空军已经强大起来，在这场战斗中，我们一天之内便击落了十九架敌机。虽然"光辉"号的船坞又被击中，但在 1 月 23 日那天晚上它还是得以顺利启航。敌人发现它离开以后，千方百计地搜寻，但毫无收获。两天以后，"光辉"号顺利抵达亚历山大。

这时，从西西里岛起飞的德军飞机不少于二百五十架。1 月份，马耳他岛遭受五十八次轰炸，从这一时刻一直到 5 月底，该岛每天都要遭受三到四次轰炸，期间只有少量间歇。但我方的人力和物力逐渐增加。1941 年的 4 月到 6 月之间，海军上将萨默维尔的"H"舰队运送了六架大型飞机到马耳他岛，与此同时，还有二百二十四架"飓风"式战斗机以及一些其他型号的战斗机从西面抵达战场。物资和增援部队也从东面运达。到 6 月份，我们击退了敌人的第一次猛烈袭击，该岛才幸免于难。1942 年才是真正严酷考验的一年。

多比将军是马耳他岛上一位杰出的总督。他用自己坚定的决心鼓舞着各个级别和阶层的军民。他是一位军人，在领导作战和宗教热忱方面都令人回想起戈登将军，甚至更早一些的"铁骑兵"和"严肃同盟者"。

首相致多比将军：

　　我谨代表战时内阁，对你们打的这场意义非凡、令人难忘的保卫战表示由衷的祝贺。你英勇的守军和居民，在海军，尤其是皇家空军的协助下，成功击退意大利和德国的进攻。英国上下，确切来说应该是整个大英帝国的人民每天都关注着奋力抵抗的马耳他岛。我们确信，你们的努力必将赢得成功和光荣。

马耳他
1941 年 1 月 21 日

＊　　＊　　＊

地中海地区的局势有愈演愈烈的趋势，我们试着把战争转移到意大利本土，据说意大利人民士气低落，如果将战火引到意大利国内，他们必定会更加沮丧，那么距离意大利崩溃就指日可待了。2 月 9 日，萨默维尔海军上将对热那亚港口发动了一次英勇的袭击，并取得了胜利。"H"舰队由"声威"号、"马来亚"号和"谢菲尔德"号组成，它们在热那亚附近海域出现，并对该地发起猛烈进攻，这一进攻持续了半个小时。与此同时，从"皇家方舟"号航母上起飞的飞机对里窝那和比萨进行轰炸，并在斯培西亚海面投下水雷。这次袭击出其不意，我们仅遭到了热那亚海岸炮台的还击，幸亏其火力微弱，毫无效果。敌方港口设施和船舶遭受重大损失。当天云层很低，这掩护了萨默维尔海军上将舰队的撤退，所以他们得以成功躲过敌军主舰队在撒丁岛以西的搜捕。

这时德国人把目标瞄向地中海，所以我们对马耳他岛的增援显得颇为紧急。

首相致伊斯梅将军，转参谋长委员会：

英国在苏达湾设立的加油站大大增加了敌人进攻马耳他岛的难度，但是我还是觉得最好尽早增派一个营，这样，一共就有七个营的总兵力。鉴于意大利的惨败，从埃及调派这七个营应该没有太大困难，难的是如何用舰队把他们运过来。有人会问，运送两个营和运送一个营有什么区别吗？如果面包运送车只运一条面包，花费不菲，且车上还有位置，那不

是很浪费吗？为什么不运两条面包呢？希望你能考虑这一点，切勿拖延。

1941 年 2 月 6 日

*　　*　　*

到 4 月初，我们已有能力加大对敌人运送补给的舰只的袭击力度。其中，从马耳他岛出动的英国潜艇起到了主要作用，这些潜艇的活动规模以及所取得的成就都在稳步上升。在这次行动中，海军少校马尔科姆·汪克林的表现突出，因此他在后来获得了维多利亚十字勋章。第二年，他与他的"支持"号舰艇一同光荣牺牲了，但他永远活在继承他工作的人们心中。

4 月 10 日，一支由四艘驱逐舰组成的袭击舰队驶往马耳他岛，准备袭击敌方的运输船队，麦克海军上校在"迦佛斯湾"号舰上担任指挥。不到一个星期，他们就取得了巨大成功。在一个月色明亮的夜晚，他们遭遇五艘向南挺进的敌方船队，并由三艘驱逐舰护航。一场近距离的混战由此开始，所有敌军船只都被击毁，我方驱逐舰"莫霍"号被水雷击沉，所幸船长和大部分船员得救。仅在这次行动中，我方就击沉了敌方的一艘满载一万四千吨重要战争物资的舰船。

*　　*　　*

好消息频频从沙漠地区传来。2 月 6 日，第六澳大利亚师顺利进入班加西，比预计日期提早了三周。2 月 5 日黎明，英国第七装甲师（以坦克的兵力计算为一个旅）经过长途艰难跋涉后，也到达了姆苏斯。

这个师的任务是切断沿海公路。当晚，一支五千人的敌军纵队①误入我军在贝达富姆设下的路障，于是很快就投降了。2 月 6 日一早，敌军的几支主力纵队开始接连出现在这条公路上，队伍中还有很多坦克。我们同这些相继出现的敌军激战了一整天。到了黄昏，敌方已溃不成军，车辆乱成一团，堆积有二十英里远，前面被堵，侧翼受敌。2 月 7 日天刚蒙蒙亮，敌军就发动最后一击，出动三十辆坦克，可惜无力回天，最后柏根佐利将军只得率军投降。

　　于是，在两个月内，尼罗河集团军向前挺进五百英里，歼灭超过九个师的意大利军队，俘虏十三万人，缴获四百辆坦克、一千二百九十门大炮。昔兰尼加已经完全被我军攻克。

＊　　　＊　　　＊

　　尽管获得这些胜利，但是中东问题，包括外交和军事方面，依然很严重、很复杂。韦维尔将军又有众多事务要处理。于是，在 2 月 11 日召开的国防委员会会议上，有人提议派遣外交大臣和帝国总参谋长迪尔将军前往开罗予以协助。

---

　　① 这里的纵队是指队伍纵向列队前进，并非指军队编制单位，容易产生歧义，特此解释，下同。——译者注

106 丘吉尔二战回忆录——海陆鏖战

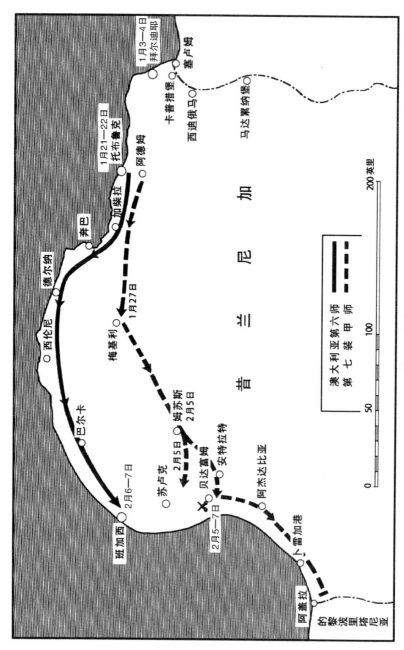

从托布鲁克进军

首相致韦维尔将军：

1. 在最近这场战役中，你用意想不到的速度攻克了昔兰尼加，取得了令人钦佩的胜利，请接受我衷心的祝贺。我已经按照你的意愿嘉奖了奥康纳将军和克雷将军。

2. 昨晚，国防委员会对整个局势加以考虑，得出以下三点：（1）美国的供应进展很顺利；（2）日本的态度越来越嚣张，很有可能在不久之后向我们发动进攻；（3）毫无疑问，敌人极有可能向我国内陆发起进攻。基于以上分析，我们必须开始着手制订地中海的各项计划。

3. 我们对在托布鲁克建立一道保卫埃及的侧翼感到十分满意。之前我也告诉过你，今后要以希腊和（或）土耳其的事务为先，但要是你能不费力就攻克班加西，同时又不影响欧洲方面的需要，就更好。你比预期提早三个星期完成任务，我们为此感到高兴。这并不会改变，反倒更加坚定了我们之前的指令，即把你目前的工作重心放到支援希腊和（或）土耳其上，所以你也不必费尽心思去部署进攻的黎波里的计划了，虽说在那里发动一些小规模的进攻可以有效地掩护我们的行动。因此，你要在班加西站稳脚跟，在尼罗河三角洲地区集结所有可利用的兵力，并为其前往欧洲战场做准备。

4. 希腊和土耳其到现在还是拒绝我们向其提供技术部队支持，他们的理由是，技术部队数量太少，不足以解决他们的主要问题，反倒会引起德国的注意，进而对他们进行干涉。然而，德国的干涉看起来已无可避免，而且正步步紧逼，随时可能爆发。如果土耳其和南斯拉夫能告知保加利亚如其不愿意加入抵抗德国南进的阵线，就对其发动进攻，若这一阵线成立，那么就可以在德国南进的道路上设立一道障碍，德国要想突破，其所需投入的兵力要比现在驻守在罗马尼亚的可用兵力多得多。但我担心土耳其和南斯拉夫不会这么做，白白浪费了联合抵抗的好机会，重蹈低地国家的覆辙。

5. 我们最先考虑的肯定是盟国希腊，实际上他也勇敢地和敌军战斗着。如果希腊惨败，或者被迫和意大利单独媾和，不得不把空军和海军的战略基地让给德国，那我们的利益就会受到损害，这对土耳其也极其不利。但是，如果希腊接受英国的帮助，能够把德国前进的速度拖延几个月，那么土耳其就有机会进行干涉。因此，我们应该努力想办法把用于保卫埃及的一部分军队调往希腊，并就此制订出详细的计划。尽最大限度的人力和物力支援这支部队。

6. 我们不知道对于这样一个意义重大的提议，希腊会有怎样的反应。我们不知道他会用什么方法来抵抗德军从保加利亚发动的进攻。我们有理由相信：他们已经制订出一个计划，打算经由阿尔巴尼亚调遣军队把守关卡，守护沿着保加利亚前线或者附近的地方所建立的防御线。希腊人肯定会考虑到敌人可能从右翼或者后面的位置发起进攻，这样才能保住在阿尔巴尼亚打下的战绩，在这个基础上获得进一步成功。如果希腊确实有这样一个妥当的计划，那也值得我们用尽全力支持。在希腊本土与德国对抗，希望借此机会能把土耳其和南斯拉夫也拉进战局。你应当立刻开始制订计划和时间表，同时对航运进行各种部署工作。

7. 我们没有打算让你推迟（夺取）罗得岛，我们觉得这是最为紧迫的事情。

8. 为了能争取机会让军事和外交方面的各项措施都得到理想的配合，抓住时机对付巴尔干的德军，我们打算派遣外交大臣和迪尔将军前往开罗支援你。他们在 2 月 12 日启程，大约在 2 月 14 日或 15 日到达。在充分调查开罗的整体局势，做好各项行动的准备工作后，你要和他们一同前往雅典，之后如果方便的话，再一起前往安卡拉。我们希望至少派四个师增援希腊，包括一个装甲师，希腊机场能容纳得下多少空军我们就派多少空军支援，还有所有可用的军需品，我们希

望能在最短时间内，以最稳妥的方式进行这一切。

9. 我们现在还无法决定，我们应该用希腊的哪些港口，应该尽力守护哪一条战线，或者让希腊人守护哪一条战线，只能到时候再和希腊司令部商量，就地解决。

10. 如果和希腊人的意见无法达成一致，我们就无法制订出一个切实可行的军事计划，那我们也要在谈判失败之后尽可能保住一些东西。我们将会不惜一切代价守住克里特岛，占领任何可以用作空军基地的希腊岛屿。我们也会重新考虑进军的黎波里的问题。但这些不过是输掉比赛以后拿的安慰奖而已，土耳其会一如既往地支持我们。

1941 年 2 月 12 日

2 月 12 日，韦维尔将军予以回复，并对我的祝贺表示感谢。毫无疑问，他肯定也考虑到了援助希腊和土耳其的问题。他认为他有能力增加之前估算的可调用预备军数量，特别是如果澳大利亚政府能够给予他一定的增加额度，那就更好了。澳大利亚的总理孟席斯先生前往伦敦的途中经过开罗，韦维尔将军已经和他谈过这件事，他二话不说就同意了。

韦维尔对于外交大臣和迪尔将军的到访表示欢迎，他说道："我们当尽全力挫败德国人在巴尔干的计划。但是希腊人和土耳其人犹豫不决，南斯拉夫人胆小怕事，这让我们的任务变得异常困难。由于船舶和港口不便，我们的军队只能分批次到达。"

*　　*　　*

对于外交大臣的任务，我起草了一份指示，获得了内阁的正式批准。

1. 外交大臣在地中海战区访问期间将代表英王政府行使

一切外交和军事权力。如有需要，他会通过首相向战时内阁汇报情况。

2. 他的首要目的就是加速援助希腊行动。为此，若有必要，他可以和中东战区的总司令、埃及政府、希腊政府、南斯拉夫政府以及土耳其政府一起采取必要行动。当然，他需随时向外交部汇报情况，如果国内有任何计划或者意见上的变动，外交部或者首相也会在第一时间直接通知他。

3. 帝国总参谋长会就军事方面的问题给他一些提议，外交大臣必须保证，如果有任何不同意见，应将他的意见上报英王政府。

4. 以下提到的几点应当特别注意：

（1）守住利比亚和班加西的西部防线所需兵力最少是多少？要采取怎样的措施才能把班加西变成主要根据地和空军基地？我们再次强调，要趁早放弃陆上交通线，这一点尤为重要。

（2）我们希望意大利能够脱离墨索里尼政权，为实现这一目的，应在昔兰尼加实施怎样的制度和政策？

（3）越早执行"下颚"（罗得岛）计划越好。如有必要，可重整开普敦的突击队（为对抗敌人登陆做准备），但不能妨碍主要任务的执行。

（4）关于尼罗河三角洲流域装备精良的精锐部队，应当以师或者旅为单位进行整编，及早派往希腊。

（5）我们应尽快结束厄立特里亚的战事并摧毁位于埃塞俄比亚的意军阵地，这两件事十分消耗我们的人力物力。前者更为紧急，后者虽然也是我们的心愿，但决不能和主要任务产生冲突，或许也可以顺其自然。

（6）目前集结在肯尼亚的大部队超过七万人，必须进行严格检查，这样南非师就可以调去埃及服役。若想与史末资将军取得联系，最好先通报首相，这样方便外交大臣和史末

资将军进行进一步的交流。

（7）在外交大臣、帝国总参谋长、韦维尔将军以及其他的一些官员造访雅典期间，有权就当下情况同希腊政府商议，进而做出最好的安排。同时，也要及时通知英王陛下政府，以尽可能获得援助。如遇紧急情况，则见机行事。

（8）外交大臣可直接与南斯拉夫和土耳其政府联系，同时将来往消息副本送到外交部。我们的目的是让这两个国家全心全力共同抗敌，为此，他应在方便之时召见驻贝尔格莱德的公使或驻土耳其的大使。他需谨记，我们的任务就是作战，如有必要则应和希腊患难与共。在第二阶段，土耳其的利益和希腊的利益对我们来说同等重要。希腊和土耳其都要求我们给予空军和军火的支援，通过协调我们应当可以满足。

（9）外交大臣应时刻想着如何解决以下问题：一是为了实现上述目标，中东地区的陆军和空军如何做到以最小的牺牲发挥最大的作用；二是如何确保该战区内的许多重要部队规整划一，可以随时随地投入战斗。

（10）外交大臣应通过首相向英王政府推选各个不同领域的司令官人选。关于这件事他一定要和韦维尔将军商量，因为将军深得英王政府的信任。希腊战区司令官的人选尤为重要，希望到时的候选人能得到各方的认可。

（11）朗莫尔将军将遵照外交大臣的意愿和决策行事，与本指示中提到的政策总则协调一致。但还是要再强调一遍，如果各方意见不一，外交大臣应通过首相把朗莫尔的意见转告给战时内阁。中东地区的空军应给希腊和土耳其提供最大的帮助，当然，这与支援苏丹和埃塞俄比亚的行动、班加西保卫行动并不冲突。

（12）外交大臣将会与海军上将坎宁安就达到上述目的所需要采取的海上行动进行磋商，如需要进一步支援，可向英王政府请求帮助，根据实际情况确定是需要运输舰还是战列舰。

（13）外交大臣会向英王政府提出任何与伊拉克、巴勒斯坦和阿拉伯相关的政策，这些政策和上述目标是互相配合的。他可以直接同这些国家以及印度政府联系，但不是以强迫的形式进行。要让印度事务部清楚全部情况。

（14）外交大臣应就直布罗陀海峡和马耳他岛的整体局势进行汇报，如果回来的时候经过塔科拉迪，也把那里的情况汇报一下。

（15）简而言之，为了尽快解决困难，外交大臣应该搜集所有的线索，不断提出好的办法。如果情况很紧急，来不及向国内请示，可以见机行事，不必瞻前顾后。

1941 年 2 月 12 日

*   *   *

我认为应该让史末资将军知道艾登先生的任务，希望他可以亲自去开罗一趟。

首相致史末资将军：

能提前拿下班加西和昔兰尼加着实让人欢喜，这加固了埃及的侧翼。基斯马尤①的战况也进展顺利。我们现在主要是尽力帮助希腊，德国即将对爱琴海发动进攻，我们要敦促土耳其对这一行动发起抵抗。我们不能保证在欧洲大陆上能打胜仗，但如果全力以赴还是不行的话，那就尽我们所能，从残局中保全一些岛屿吧。因此，我们已将外交大臣和帝国总参谋长派往开罗，接着去访问雅典和安卡拉，以便和相关方面协商建立最稳固的防线。他们可能会在中东地区逗留三

---

① 索马里南部城市，临近印度洋。——译者注

个星期。你看看能否与他们进行会晤。如果你给他们发送消息的话，请记得将副本交由联合王国高级专员转达给我。

1941 年 2 月 15 日

　　艾登先生出国期间，外交部的事务交由我处理。当然，这大大增加了我的工作量。不过，自打我接任首相一职以来，我已经习惯阅读每天所接收到的重要电报和特殊报告。此外，在我和罗斯福总统还有其他一些政府首脑的消息往来中，很多非常重要的致外函电都是由我亲自起草。除非有特殊情况，否则我就让常务次官亚历山大·卡多根爵士和政务次官巴特勒先生负责接见外国大使。这时，整个外交事务和战争策略都合而为一，无论如何我都有必要了解一下，并尽可能地出谋划策。

　　首相致艾登先生：
　　1. 得知你已平安到达，我感到十分欣慰。为了把第五十师运往你处，我可谓费尽周折。我从航运部那里获得了一些额外的船只，海军部再次慷慨解囊。我不太明白你的回复。显然，中东司令部没有弄清楚运输船队的组成情况……希望你能加以说明。国内和中东两边都要了解运输船队的具体信息和战场状况，这点很有必要。中东的军队数量庞大却杂乱无章，很多部队的技术还没有训练成熟，这是我对这一军队的印象。第六英国师和第七澳大利亚师在一段时间内表现得不尽如人意。请尽快查明，为了能让他们有效地作战，我们还需运送什么东西过去。从当地一些还没训练成熟的部队里抽调一部分作为应急补充也是可行的。如果换一种方法就能产生实际效果的话，那么军队编制并非一成不变。最新一份中东给养人数统计报告显示，在 12 月 31 日到 1 月 31 日之间人数增加了近五万人，难道这些增援部队就无法组成一支能够作战的队伍吗？如果给养部队中能够作战的人数相对较少，

将这些作战部队调往另一战场所花费的时间又很长，可我们又没有更好的办法，那我们只好承认，我们在非洲大陆上的作战能力已达到极限，所以整个中东的事务就不得不退居其次。

2. 我很关心我军在克伦①的遭遇。埃塞俄比亚的问题可以留待日后解决，但我们希望肃清厄立特里亚的敌军。今后你在部署空军和其他军队时，请留意这一点。

3. 如果你打心底里认为在希腊所采取的行动不过是在重演在挪威发生的悲剧，那你也不必非做不可。如果制订不出妥善的计划，请如实相告。但你肯定知道，如果这次行动能够取得成功，一定会带来多大的价值。

开罗

1941 年 2 月 20 日

我发出这份电报的同时，也收到艾登先生发来的电报。他在电报里清楚地表达了部队的坚定信念，还汇报了他和迪尔将军以及三位总司令在开罗开会的讨论结果。

我们一致同意，应尽全力及早给予希腊最大的援助。如果希腊愿意接受我们的援助，我们相信，这将是阻止德军前进，避免希腊受到摧残的极好机会。不过，我们的资源有限，尤其是空军资源，因此如果我们有效地支援了希腊，就无法同时支援土耳其。

艾登先生解释道，因为我们空军资源不足，所以我们没有把握一定能守住一条掩护萨洛尼卡的前进战线。他接着说：

---

① 非洲东北部国家厄立特里亚的一个城镇。——译者注

韦维尔将军提出以下军事部署：昔兰尼加将由一个训练和装备较差的澳大利亚师、正在训练当中的印度旅以及第七装甲师仅剩的一个装甲旅负责驻守。你一定记得，这支装甲师的人员和设备从来没有齐备过。地中海战区的总司令就最近所遇到的一些困难进行汇报：因为班加西港口被毁，所以目前无法通过海上交通来为驻防部队提供运输补给。因此，补给只能通过托布鲁克的陆路运输。第六师即将完成整编，届时会将之派往罗得岛。可是，我们不能削减在厄立特里亚作战的兵力，一切都要等到战斗取得成功以后再说。以现在的情况来看，克伦是块难啃的硬骨头。此外，我们还一致同意削减在肯尼亚的兵力，并下达了撤退南非师的命令，当船只准备好以后就会被派往埃及。我希望在我回国以前能和史末资将军会面，共同商讨这一问题以及其他事项。

因此，韦维尔将军现在和不久的将来都可以将以下部队派至希腊：先是一个装甲旅和新西兰师（现已增加到三个步兵旅），这些部队都已整装待发；接着是波兰旅和一个澳大利亚师，如有需要可以再增加一个装甲旅和一个澳大利亚师。运送这些部队肯定会造成后勤资源极度紧张，届时可能需要随机应变。

具体时间现在还不能确定，要根据和希腊协商的结果和船舶的情况来决定。据估计，运送上述部队至少需要五十三艘船只。若想得到足够的船只，只能把抵达地中海地区的船只全部聚集起来。我们现在还面临一个威胁——苏伊士运河的水雷，这平添了我们的忧虑。目前我们正在积极寻求解决办法，但在问题彻底解决和国内物资到达以前，这条运河随时可能有五至七天不能通航。

我个人的结论是，希腊现在一面奋力抗争一面遭受威胁，而当前，我们应首先考虑希腊所需的物资援助，迪尔将军和各位总司令也这么认为。之后我们能够给予土耳其多大的援

助就取决于中东地区所获得的空军增援部队的数量，以及非洲战场所消耗的人力物力。

我现在打算告诉希腊，我们准备给予援助，并催促他们只要援助一到最好就立刻接受。如果他们接受帮助，愿意承担提前加入德军黑名单的任何风险，那么我们就能够获得一个守住希腊这条阵线的绝佳机会，如果我们现在分散稀缺的资源，尤其是空军方面，那么无论是希腊还是土耳其，我们都无法进行有效援助。

我在电报中把"催促"一词标了着重号，你们千万别误解了。艾登先生的意思不是逼迫希腊接受英国的帮助，而是说如果他们决定接受我们的援助，那就越早越好。

我回复道：

首相致艾登先生：

我一直觉得你有必要先访问希腊，再访问安卡拉。不然，如果你先去安卡拉，你就很可能会应允帮助他们，那么你就无法放开手脚去帮助正在战斗中的希腊。因此，我完全同意你对日程的安排。

开罗
1941 年 2 月 21 日

我又致电史末资将军：

你说很担心土耳其已经受到苏联态度的影响，我也认同这一点，土耳其可能最多就是持中立态度。我们派往开罗的使者应该考虑到希腊的整体局势。一有情况，我就会立刻通知你。

1941 年 2 月 21 日

当天，艾登先生从开罗发来另一封电报：

  关于对希腊战局的总体展望，从当前来看，派遣军队到欧洲大陆与德军作战就是一场赌博，没人能确保成功。但当我们在伦敦讨论这件事的时候，我们已经做好了失败的准备，我们认为，与希腊人共患难总比袖手旁观好。这就是我们的共同信念。

  此外，虽然援助希腊是一个大胆的尝试，但我们没有放弃希望，我们有可能在德国摧毁希腊之前阻止他们前进。

  我们必须时刻谨记，这次的赌注很大。如果我们不帮助希腊，就难以指望南斯拉夫采取行动，土耳其的前途也会极易受到影响。所以，即使没人保证我们不会铤而走险，我们还是认为援助希腊势在必行。当然，也有另外一种可能，我们明天见到希腊人时，他们可能还是不愿意接受我们的帮助。

  我们已经讨论过关于司令官人选的问题。迪尔、韦维尔和我一致认为，这个人必须既要能得到希腊人的尊敬，又能在和他共事的希腊军官中享有极高的威信。这个人的战术也须十分了得。因此，我们一致决定让威尔逊来担此重任，他原来所担任的昔兰尼加军事长官一职由现任巴勒斯坦司令官尼姆接替……威尔逊在民众和士兵之中的威望极高，由他来带领士兵支援希腊是我们对希腊的一个保证，这可以证明我们正倾尽全力帮助他们。

＊ ＊ ＊

2月22日，艾登先生和韦维尔将军、约翰·迪尔爵士，还有其他一些官员一起飞往雅典，与希腊国王和政府进行磋商。艾登先生晚上到达，他与希腊人的第一次会面被安排在泰托伊的皇家宫殿。见面后，国王立即问他是否愿意单独会见首相。他解释道，他希望仅就军事方

面的问题进行讨论，因此不必单独会面。如果我们对希腊进行援助，那应该是基于军事的理由，他不想把政治因素牵扯进来，担心会造成不好的影响。但国王一再坚持，他就只好同意了。会晤过程中，首相科里西斯向他宣读了一份声明，这是希腊内阁在一两天前讨论的结果。

由于这份声明成了我们采取行动的基准，我将全文记录于下。

艾登先生致首相：

在和希腊首相开始会面时，他向我宣读了一份书面声明，以下是我对该声明的总结：

1. 我必须坚定地重申一点，希腊作为英国忠诚的盟国决定全力以赴，浴血奋战，直到迎来最终胜利。这个决定不仅仅是针对意大利，还包括德国的任何威胁。

2. 希腊在马其顿只有三个师驻守在保加利亚边境。因此，一个纯军事方面的问题就出现了：英国应该派遣多少增援部队才能让希腊有能力抵抗德国的进攻？关于德国在罗马尼亚的兵力以及保加利亚的军队调动情况，希腊政府或多或少掌握了一些可靠消息，但到目前为止，希腊政府也只知道英国能在一个月内提供多少援助。此外，他们根本不清楚土耳其和南斯拉夫的意图。在这种种情况之下，阁下能来中东犹如雪中送炭，不但能让当今形势明朗化，还能扭转局面，这符合大不列颠和希腊的共同利益。

3. 我想重申一点，无论结果如何，无论希腊有没有希望击退在马其顿的敌军，哪怕只能依靠自己的力量，它都会誓死捍卫自己的领土。

1941 年 2 月 22 日

希腊政府希望我们了解，在他们还不清楚我们能否给予援助之前，就已做出这个决定。国王希望艾登先生在军事会谈开始之前就知道这一点，这份声明就是此次会谈得以进行的基础。

军事会议和参谋会议进行了一整晚，第二天又进行了一整天。会后，艾登先生在 24 日给我们发了一封极为重要的电报。

外交大臣致首相：

今天（23 日），我们就各项问题与希腊政府达成一致。

1. 在讨论接近尾声时，我问希腊政府是否欢迎我们按照此前所提议的人数和条件进驻希腊，希腊首相以正式的口吻回答道，希腊政府心怀感激，一切将按照我们的建议进行，他已经批准双方参谋人员所达成的一切详细安排。

2. 今天中午，我们到达这里之后，与希腊国王、首相还有帕普哥斯将军进行了会晤。我们就德国在巴尔干地区的计划进行详谈，我也就当前的国际形势做了分析，我接着说道，我们应当尽早给予希腊最大限度的帮助，这是伦敦的各部长以及三军参谋长一致商定的结果，也得到中东各战区总司令的完全认可。之后，我们详细列举了我们可以向希腊提供的军队情况，并说明这是我们目前所能提供的最大帮助。至于我们以后能做什么要根据整个战局的发展和我们的资源情况而定。现在我只能说，我们所提供的军队装备精良，训练有素，我们有信心他们能很好地展现自己的实力。

3. 希腊首相重申对抗德国的决心后，也表达出希腊政府的忧虑。他们担心英国援助不够，这反而会加快德国的进攻步伐。他宣称，考虑到土耳其和南斯拉夫模棱两可的态度，现在很有必要弄清楚，希腊目前可利用的兵力和我们能够提供的兵力加起来是否足以有效地抵御德国的进攻。在希腊政府承担自己的任务前，希腊首相希望能有军事专家根据英国的援助情况对当前的局势做出分析。我明确地指出，希腊首相这样的态度会带来严重的后果，如果我们因为害怕激怒德国人而延后行动的话，就来不及了。

4. 之后，迪尔将军、中东战区总司令、空军司令官三人

与帕普哥斯将军进行了讨论，由于南斯拉夫的态度不明确，目前唯一可守的且能来得及从阿尔巴尼亚撤出军队来防守的一条战线就是瓦尔达尔河以西的奥林匹斯—佛里亚—埃德萨—凯马克查兰这条战线。如果我们能摸清南斯拉夫的行动，那我们就能在更北部的地方开拓一条战线，这条战线从内斯多斯河口延伸到贝里斯，以掩护萨洛尼卡。除非南斯拉夫愿意加入我方阵营，不然在希腊左翼随时随地都可能受到德军攻击的情况下，我们很难守住一条掩护萨洛尼卡的战线。

1941 年 2 月 24 日

随后，他还描述了双方达成的具体安排：

讨论差不多进行了十个小时，内容包括政治和军事合作方面的一些主要问题……我们对希腊代表在讨论各项问题时的坦率、公正的态度印象深刻。我很确定他们是决心全力以赴对抗敌人，因此，不管最后结果如何，英王政府也会一心一意全力支持。虽然预见到了危险，但我们也必须接受。

在后来的电报中，艾登先生说道：

我们始终相信，我们选择了一条正确的道路，时间十分紧迫，如要把事情的细节一一汇报，恐怕会耽误时机，我想你也不愿看到这样的情况出现。

风险很大，但还是有成功的希望。我们面临着许多困难，资源消耗巨大，特别是战斗机方面的消耗……

鉴于迪尔和韦维尔一致同意电报内容，内阁决定对所建议的内容全数批准。

首相致艾登先生：

　　关于你从开罗和雅典发来的电报中所建议采取的行动，三军参谋长已经同意。我也在今晚的会议中将所有问题都传达给了战时内阁，孟席斯先生也在场。一切如你所愿，全体一致通过该项决议，不过，孟席斯先生要把消息电告本国。我们认为你已同新西兰政府一起解决了他们军队方面的问题。无须顾虑两方可能遇到的困难。既然一切都已明朗，我们给你下达一致指示："全速前进。"

开罗

1941 年 2 月 24 日

*　　*　　*

　　目前，我们除了尽可能在尼罗河三角洲地区集结战略后备军、制订计划和准备船舶向希腊运送军队之外，其他方面还在原地踏步。如果因希腊改变政策或者其他的一些事件而导致情况发生变化的话，我们就必须占据最有利的位置来解决问题。不过令人高兴的是，在经历了非常艰苦的一段时间后，我们终于圆满结束了在埃塞俄比亚、索马里和厄立特里亚的战事，从而将这些精锐部队注入了埃及的"机动部队"。

　　既然没有办法预测敌人的意图以及友国和中立国家的反应，那么我们就有可能会面临各种各样的重要选择。未来不可预料，尽管我们连一个师都没发动，但我们已做好充分准备，一天也未曾浪费。

第七章

SEVEN

击败意大利帝国

意大利非洲殖民地的萌芽与发展——意大利在阿杜瓦战役①惨败
——克伦久攻不下——温盖特将军起义——埃塞俄比亚皇帝重归故国
——成功拿下基斯马尤——争夺克伦——意大利海军被逐出红海——
奥斯塔公爵投降——埃塞俄比亚战事结束

1940 年法国沦陷后，墨索里尼向大不列颠宣战。当时，意大利正
在非洲北部和东部如火如荼地扩张殖民地。在 19 世纪欧洲兴起的几个
民族国家里，意大利是较晚发展起来的一个。其工业力量薄弱，影响
了军事的发展。但意大利人口膨胀的压力，使其不得不参与到非洲的
争夺战之中。尤其在 1869 年苏伊士运河通航后，意大利越来越重视非
洲的殖民地扩张。

十六年后，意大利占领马萨瓦，厄立特里亚殖民地因而正式成为
意属领土。同时，意属索马里殖民地，及其通向印度洋的出海口也慢
慢发展起来。古老的埃塞俄比亚王国便处于这两处早期殖民地之间。
19 世纪 90 年代，帝国主义扩张运动大行其道，克里斯皮先生②趁机进
军这片荒凉地带，企图借此让意大利跻身欧洲强国之列。然而，1896
年，在阿杜瓦之战中，意大利惨败，当时侵略埃塞俄比亚的意军全军
覆没。此战之后，克里斯皮垮台，意大利在非洲的殖民扩张计划也被
打断。

---

① 阿杜瓦战役，发生于 1896 年，意大利因贻误战机而被彻底打败，埃塞俄比亚获
得了独立。——译者注
② 弗朗切斯科·克里斯皮（1819—1901），意大利政治家，领土扩张主义者，曾出
任意大利首相。——译者注

意大利人永远不会忘记惨痛的阿杜瓦战役。一战时期，1911年巴尔干同盟国英勇抗击土耳其时，意大利政府突然派兵跨海到达的黎波里，开启其征服行动，这一举动在当时平静的世界中掀起巨浪。在当时，德国威胁日益严峻，法英两国需要拉拢意大利以对抗德国；土耳其又在巴尔干战役中落败。这两项因素使意大利得以在北非海岸建立一个小根据地。一战中，意大利属于战胜国一方，因此他得以正式占领的黎波里和昔兰尼加。为了重温罗马时期的辉煌，他不久就把两地更名为利比亚。当时，在人口暴涨的压力下，意大利一直活跃在阿拉伯沙漠地带，他四处侵略，扩张殖民地。对意大利来说，塞努西教团①的起义一直都是个不小的麻烦。

自墨索里尼上任以来，意大利便有计划地在非洲殖民扩张。格拉齐亚尼将军的严酷军事统治控制了北非的大片土地。意大利残酷地镇压起义，不断地输入移民，开垦荒漠，建立堡垒和飞机场，在地中海沿岸各处铺设公路铁路。伴随着大量人力物力消耗，意大利取得了一定成果，这个国家潜藏着一雪阿杜瓦之耻的渴望。我在前文中已经提到过，英国想通过国际联盟来制裁意大利，然而，这种畏首畏尾的消极抵抗怎可胜过信念坚定、胆大果敢的墨索里尼，英国试图"一个国家领导五十个国家"②的权威也打了水漂。我们也同样看到了，这些冲突和埃塞俄比亚的战争对二战的爆发产生了什么样的影响。

1940年6月，在法西斯党人眼中，大英帝国行将崩溃，法国也几乎一蹶不振，而意大利却正在非洲大肆扩张其殖民地。在意大利的税收支持下，在四十多万意大利和土著军队的保护下，在约二十五万意大利殖民者的辛苦劳作下，利比亚、厄立特里亚、埃塞俄比亚和索马里这片广袤的领土慢慢繁荣起来。意大利已在红海和地中海的各处港口设防。英国的情报机构迅速地摸清了意大利的武装规模，并将这些

---

① 塞努西教团，北非近代伊斯兰教苏菲派兄弟会组织，创于1837年。该教团多次发动反对法国、意大利殖民主义入侵的斗争。——译者注

② 墨索里尼语。"一个国家"是指英国，当时英国拟借国际联盟制裁意大利。——译者注

港口认定为上等海军基地。如果大英帝国倒下了（当时在墨索里尼看来是必然的），那么埃及、英属索马里和英属东非都会并入意大利的现有领土之中，随着统治面积成倍增长，意大利将成为自恺撒时代以来最大的帝国。那位运气不佳的齐亚诺将上述构想称为"五千年难遇的机会"，但是这美梦却即将化为泡影。

在 1940 年 12 月之前，在东非战场，我们一直对意大利采取防守战略。12 月 2 日，韦维尔将军在开罗召开会议，在会上他提出了一个新方针。1940 年 7 月 4 日，意军占领了苏丹的卡萨拉和加拉巴特，韦维尔将军决意逐出这批苏丹境内的意军，而派遣正规军深入埃塞俄比亚尚不在他的计划之内。韦维尔本打算在结束这些小规模的攻势后，将大部分军队撤至中东战场，而且英国向当地爱国组织派遣军官，支援武器、资金，由爱国组织承担起抵抗国内意军且收复国土的任务。

1 月，我方开始剿灭苏丹敌军，此次行动指挥为普拉特将军。一开始很顺利，普拉特麾下有第五英印师，去年 12 月在西部沙漠的胜利中立下汗马功劳的第四英印师也在 1 月份从西部沙漠赶来增援，空中支援则由六个空军中队负责。

1 月 19 日，两个意大利师撤离卡萨拉，因为这两支部队已经遭受了一次空袭，再难承受攻击威胁了。不久，他们又撤出了加拉巴特，放弃了苏丹。我们从卡萨拉继续追击意军，一路上都很顺利，直到我们到达克伦那处极为坚固的山区阵地。敌军的两个常备师驻守此阵地，设施完备、防守严密。我们在 2 月初发动了几次进攻，均无成效。即使准备再充分，也难以避免种种意外情况发生，由此，普拉特决定，即使后勤延误，也要坚决攻下这一阵地。

与此同时，埃塞俄比亚境内的起义工作也取得了一定进展。桑德福陆军准将指挥起义的主力部队，这支队伍规模不大，仅包括一个苏丹营和一些选拔而来的英国军官和军士——在这其中就有后来立下大功的温盖特上校。起义部队接连取胜，于是，越来越多的爱国人士开始援助他们。1 月 20 日，埃塞俄比亚皇帝重返他的王国，戈贾姆省西部地区的敌人大多已被驱逐出境。

*　　*　　*

各位读者，如果您看过前文的话应该了解，我对肯尼亚的进展极不满意，大批军队在那里耗时良久却一无所获。1940 年 11 月，史末资将军访问肯尼亚时，力劝我们转守为攻，攻击意属港口基斯马尤。

他向我致电，内容如下：

> 我视察过肯尼亚的多条战线，和坎宁安将军以及他的参谋人员共同研究了作战计划。同其他战场一样，该地部队斗志昂扬，整体形势良好。然而，倘若我们长期不在沙漠及周边地区采取行动，我们便会陷入危险之中。近期，我们最理想的攻击目标为基斯马尤，此地敌军严重威胁着我们的重要基地蒙巴萨。一旦我们占领了基斯马尤，并牢牢守住，我方大部队就能够顺利地从荒凉的沙漠地区向北移动，直接威胁亚的斯亚贝巴的敌军。坎宁安认为，进攻基斯马尤所需兵力比先前预想的要多。因此，一旦海上航线打通，我会从南非联邦再运送一支步兵旅过来。目前我们急需布朗式轻机枪补给，也需要更多车辆运输供应品及水源。埃塞俄比亚国内局势已动荡不安，如果我们再从南北进行夹击，便有机会在夏季击溃意军。这样一来，我们就能抽调不少兵力支援北边那个更重要的战场。

> 1940 年 11 月 5 日

史末资将军的观点同我完全一致。上文说到的那个步兵旅已经从开普敦出发了。我知道，为了能在 1 月雨季开始前进军，我们正在紧锣密鼓地进行各项准备工作。因此当我看到下面的电报时，不禁吃了一惊。

> 韦维尔将军致帝国总参谋长：
>
> 　　坎宁安认为我们无法在今年冬天冒险作战。他提议我们在12月中旬于肯尼亚南部开展一系列的小规模作战，并要求抽调两个西非旅过来参加这些战事……
>
> 1940年11月23日

　　我们从南非高级官员处得知，史末资将军本希望此次行动能在1月份展开，而目前尽管第三南非联邦旅已被调来参加行动，这次行动似乎还是要推迟到5月份，这让史末资将军很失望。在1940年11月25日举行的国防委员会会议上，我质问，为何进攻基斯马尤的行动被推迟到5月。约翰·迪尔爵士回答，他曾收到韦维尔将军发来的一封电报，韦维尔在信中表示，他很快便会召开司令官会议讨论接下来六个月的计划，坎宁安将军也将参会。

　　这一回复无法令我们任何人满意，因此，国防委员会请求三军参谋长要求韦维尔将军详细解释此事，并再次向首相报告。

　　我把以下的记录交给陆军大臣和帝国总参谋长：

> 　　我知道你们将详细报告5月份之前不能进攻基斯马尤的理由，我明白不到万不得已，你们不会屈从于这些因素。如果决定将行动放在5月后，那么你们必须派遣首批空的运输舰运送西非旅前往西海岸，接替目前位于弗里敦的那个营。
>
> 　　最令人失望的建议，莫过于保留西非旅又不让其作战。
>
> 1940年11月26日

　　韦维尔在12月2日召开会议。会议决定攻打卡萨拉的意军，并通过各种方法支持埃塞俄比亚的起义活动。但是攻打基斯马尤的行动还是延缓到了雨季之后，即在5月或者6月进行。

＊　　　＊　　　＊

我仍在责备肯尼亚的闲置兵力过多。

首相致韦维尔将军：

　　你21日发来的电报令我很困惑。我认为你想要在尼罗河三角洲拥有一支强大的战略后备军，这一点和我们给出的指示一致。肯尼亚目前的闲置兵力有七万之多，且包含各个兵种，由此看来，现在确实已没有必要再派一支南非师去支援肯尼亚了。我要求史末资将军先不要安排这支新编师的去向，他答应了，在我看来，待运输船只等事宜安排好后，他可能会愿意把这支队伍调往北方，加入尼罗河集团军。你或许不愿意接受南非师的支援，而希望我从国内调动军队前往中东，但这样一来，不仅运输航程会加倍，我也会面临更大的船只需求压力，还会影响到食物和军火的运输工作，你怎么能期望我这么做呢？我确实希望能在几个月之内将驻在肯尼亚的两个南非师迁移到三角洲地区，并且按照约定将西非旅调回弗里敦。史末资将军提出了一个大胆却明智的方案，即逐步地将南非的兵力投入到主战场，这一点上我们必须听他的。

1941年1月26日

　　在国内的强大压力之下，韦维尔终于决定在雨季之前开始行动。他积极动员肯尼亚司令部。不久我们就收到消息：驻于内罗毕的部队有望在2月10日到16日之间执行"帆布"作战计划（指进攻基斯马尤的行动）。这表明一场重要行动即将在东非战场展开。韦维尔将军在1941年2月2日给我发来电报，读后我甚感欣慰，电报内容如下：

　　我已在肯尼亚批准了2月中旬左右尝试进攻基斯马尤的

建议。敌人拥有地理优势，我方部队却面临供给压力，但我觉得我们有机会获胜……总之，我已向普拉特和坎宁安下达指示：在接下来两个月内尽最大力量进攻意属北非。

果不其然，我们此次进攻取得了进展。这表明，当地的司令官们过分夸大了困难，并且，我们在国内催促他们尽早行动也完全没错。

坎宁安将军定于 2 月份开始大规模进攻行动。一支意大利部队驻守朱巴河，河口附近便是基斯马尤港口，这支部队由六个旅和六个就地征募的大队组成。2 月 10 日，坎宁安将军在这支意大利部队对面部署了四个旅。2 月 14 日，我们未遭抵抗便顺利拿下基斯马尤。基斯马尤港口北部，朱巴河对岸的杰里布便是敌军的主阵地所在。我军于 22 日从杰里布两翼和后方向敌军主阵地展开突袭，战果显赫——敌方全线溃败，三万余人死亡、被俘或逃入丛林。此外，敌方空军遭到南非空军的沉重打击，没能加入这场战争。杰里布以北两百英里就是意属索马里的主要港口——摩加迪沙，而今我军进攻这个港口已没有什么阻碍。25 日，我方摩托化部队到达该港口，找到了敌方大批物资储备，以及珍贵的四十多万加仑①汽油。该港口的飞机场有二十一架被击毁的飞机残骸。坎宁安将军判断他下一步行动将不会受到敌军的阻碍，这一判断无误。即使第一南非师仅有一个旅可用，他的兵力仍旧充足。距离是他唯一的难题，运输和供给则是整场战役的决定性因素。坎宁安得到了韦维尔将军的准许，将距摩加迪沙七百四十英里以上的吉吉加作为下一个进攻目标。部队仅仅休息了三天，便于 3 月 1 日继续向前推进。由于我们不断袭击敌军飞机场，敌方空军几乎没对我们形成什么干扰，部队在前进过程中仅遭遇了一些微弱的抵抗。3 月 17 日，部队到达吉吉加。这几场仗都打得非常漂亮。

---

① 容积单位，1 加仑＝4.546 092 升。——译者注

首相致韦维尔将军：

　　意属索马里战役取得了辉煌的战果，对此我表示衷心的祝贺。坎宁安将军所率部队士气高昂、训练有素、并然有序，行动英勇果敢，在几场战役中取得了巨大成功。请向他传达英王政府对他的感激和赞许，也希望你请他把这封贺电的内容传达给他的部队。如果你觉得合适，可以将此封电文公布。

　　你很可能在 7 日和史末资将军讨论今后的作战计划。你知道的，我一直希望把南非各师调往地中海沿岸。

1941 年 3 月 1 日

韦维尔将军致首相：

　　1. 非常感谢您的祝贺。我已向坎宁安将军传达了您的贺电。

　　2. 坎宁安正率领着轻装部队向费尔弗（约在摩加迪沙和多罗以北两百英里）进发，即将攻下意属索马里。受供应和运输所限，他认为我们无法在 3 月 21 日前向哈拉尔进军。3 月 7 日，他会来开罗，届时他将与我就未来的行动计划和南非师的调派问题展开讨论。

　　3. 我已经向亚丁方面做出指示：勘察柏培拉，若有可能便收复该地。

1941 年 3 月 2 日

＊　　　＊　　　＊

　　此时，我方位于亚丁的部队可以前来支援。四个空军中队驻于亚丁，巡视红海之余，他们曾从中央据点出发，袭击了敌军的空军基地，支援了坎宁安和普拉特进行的战役。3 月 16 日，我方两个营在柏培拉登陆。我军击溃敌方一个守卫旅，俘获敌军两百人，迅速收复了英属索马里全境。占据了柏培拉港后，我们便可以更便利地支援坎宁安将

军向前推进。坎宁安继续向哈拉尔进军，3月26日，哈拉尔敌军投降。3月29日，坎宁安抵达迪雷达瓦，在此地我们便可使用从法属索马里延伸过来的铁路。如果维希政府对我们开放吉布提港的话，这将极大地缓解我方的供应压力，遗憾的是现实并非如此。坎宁安将军在迪雷达瓦集结人力物力，准备对亚的斯亚贝巴发动最后一击。3月份，他同第十一非洲师和第一南非旅一道从摩加迪沙出发，艰苦跋涉了八百五十英里。横渡朱巴河后，他率军击毙、俘虏或驱散敌军五万余人，而他自己部队的伤亡人数却不到五百。

获得了这些成功之后，一些纷争也随之而来。戴高乐将军和勒让蒂约姆将军提议严格封锁吉布提港，但韦维尔将军担心这会招来吉布提守军的顽固抵抗。他的建议是通知吉布提守军：允许运入足够的供应品，比如儿童所需的牛奶，使他们免受困苦；如果该港的任何部队想加入自由法国军队，我方都将给予准许，港口余下的部队则要撤到其他法国殖民地；会与港口守军就利用法属索马里铁路来给韦维尔军队补给这一问题进行协商。但身在国内的我们却持有不同意见。

首相致韦维尔将军：

1. 我们认为你应该尽可能地遵守三军参谋长在3月25日的电报中所规定的政策，如不得不对这些政策做出调整，请必须和戴高乐将军商讨后再做决定。尤其值得注意的是，同法属索马里的初次接触应由自由法国当局出面。同时不要迟疑，尽量使用封锁这一办法，不要担心会伤害到魏刚和维希的感情，我们之后自有对策。

2. 我希望处理这件事和其他类似事件时，你能充分重视戴高乐将军的意见，英王政府已郑重承诺戴高乐将军，全力支持他担任自由法国运动的领袖。

1941年4月1日

*　　　*　　　*

罗斯福总统对埃塞俄比亚境内意大利平民的状况表示关心。

前海军人员致罗斯福总统：

　　我们已在伦敦慎重考虑了斯福尔扎伯爵针对意大利非战斗人员所提的建议。我恳请您了解一下我们的困难。奥斯塔公爵可能真的准备放弃亚的斯亚贝巴，率军到山中作战，而这可能会持续几个星期甚至几个月。这样一来，我们英方便需要负责当地成千上万平民的健康与安全问题。可是，在战争有秩序地停止之前，我们无法完成这个任务。我们还未攻下吉布提港，我方铁路线也被切断，我方全部运输力量都用来支持部队远征了。如果把全部责任加在我们肩上，可能会重现南非战争时集中营的悲剧，整体战事一片混乱。只要公爵停止战争，我们定当竭尽全力，这样或许能看到胜利的曙光。如果在埃塞俄比亚的意大利军队还在抵抗，必将会拖延我们增援利比亚，然而你可以看到利比亚迫切需要我们的增援。现在情况很紧急，意军再抵抗下去，不仅敌人会在军事上获得莫大便利，而且我们注定完不成增援任务。

　　　　　　　　　　　　　　　　　1941 年 4 月 4 日

首相致韦维尔将军：

　　近段时间适合进攻（吉布提）。你要考虑到，什么样的军队能够瓦解法军的抵抗，是否能找到这样的军队，与此同时又不会影响到其他方面的需要。进攻的时间取决于叙利亚的局势，这样可能会导致我们和维希政府决裂，或者会导致叙利亚境内的法军和自由法国合作。无论是哪种情况，进攻吉布提都势在必行了。在这期间要严格奉行封锁政策，任何

你觉得有帮助的兵力集结准备都可以在吉布提边境开始了。这样也许能避免实际战斗，这是我们最希望看到的。具体什么时候开始行动，要和我们商量以后再决定。

1941 年 5 月 30 日

*　*　*

这时候，埃塞俄比亚的战役有了进展。克伦守军仍在顽固抵抗，照敌军所处位置来看，我们只能从正面进攻，无法从两翼包抄。正面进攻需要集结人力物力，普拉特还要部署他的两个师，然而，普拉特只有一条完全暴露在敌人视线内的公路可用。这里距兵站车站有一百五十英里，他的准备工作都要花几个星期，根本不可能发动奇袭。于是，在这场战役中，空军（包括从亚丁出动的空军）起到了至关重要的作用。战争的第一个阶段中，意大利的飞行员表现十分活跃，但南非战斗机中队的"飓风"战斗机到达以后，我们很快占了优势。克伦最后一战的准备阶段中，在我方陆空双重打击下，意军很快就无法干扰我军的行动了。战斗开始后，我方空军有效地护卫了我军向前挺进，这沉重地打击了敌军士气。这一仗很艰苦，我方伤亡三千人。三天（即 3 月 15 日到 17 日）过去以后，因为要整编军队，战事一度中断。20 日，韦维尔致电称战况激烈，敌军一再猛烈反攻。尽管损失惨重，并且反攻只得手了一次，但是敌军也没有立刻溃散的迹象。很明显，意军为了保全这个要塞决定放手一搏，他们的空军很活跃。从伦敦方面看，敌我似乎不相上下，于是我们询问是否需要增援。然而，答案是否定的，我军并不需要增援了。

　　3 月 25 日，我方恢复攻势。两天后，意军防线崩溃，克伦被攻陷。我们乘胜追击，4 月 1 日拿下阿斯马拉，4 月 8 日，马萨瓦守军投降，敌军一万人被俘。

　　第四和第五英印师是克伦战役的主要功臣。他们的英勇值得歌颂。

首相致印度总督：

印度部队在厄立特里亚的成就轰动了整个帝国。在攀登并最终征服险峻的克伦山地时，英印部队所表现出的热情和毅力，让我想起多年以前西北边境的战事。作为一名曾经与来自印度斯坦各地的印度士兵们共同作战过的人，我很荣幸能代表英王政府，请求阁下转告此次参战的部队以及全体印度陆军，我们时刻关注着他们的英雄事迹，并感到由衷的自豪与钦佩。

1941 年 4 月 7 日

我立刻致电坎宁安将军、普拉特将军以及他们英勇的军队，向他们表示，我和英王陛下政府衷心祝贺他们"在这次令人难忘、艰苦卓绝的奋战中，你们战果显著、战绩及时"。

其他肃清敌军的行动也取得了成效。战斗初期，意大利在红海拥有一支包括九艘驱逐舰、八艘潜水艇和其他一些小型船只在内的舰队。现在这些船只已经被皇家海军和海军航空队击沉。4 月 11 日，罗斯福总统宣布，红海和亚丁湾不再是"战斗区域"，此后将对美国船只开放。

厄立特里亚的意军残余部队向南撤退了二百三十英里，穿过山区，在阿姆巴阿拉吉建起了阵地。普拉特将军一直率部追踪这批敌军。第四英印师和空军支援中队的主力被调往埃及，我会在后文详细讲述此事。普拉特则率领剩余兵力与敌人展开搏斗。4 月 6 日，坎宁安将军抵达亚的斯亚贝巴，飞机场上的意大利空军的残余飞机已被炸毁。他率领南非旅穿过德西埃，向北挺进，封锁了意军驻地阿姆巴阿拉吉的后方，切断了意军退路。普拉特将军则从北面袭击。此外，加上爱国者的袭击、机关枪扫射和我方空军的轰炸，意大利想必是抵抗不了太久的。4 月初，温盖特率领苏丹营和当地部队，联同向埃塞俄比亚皇帝归顺的非正规军，把戈贾姆省的一万两千名敌军驱逐到了德布腊马科斯，其中一半敌军被俘，余下的则逃到了北部的贡德尔。5 月 5 日，

埃塞俄比亚皇帝重新返回首都。

＊　　＊　　＊

当我们回顾墨索里尼的一系列行为时，会记起墨索里尼是怎样加重了欧洲危机，他进攻埃塞俄比亚后引发的一系列事件又是怎样导致战争爆发，以及他是怎样肆无忌惮地违背国际联盟"一个国家领导五十个国家"原则的。如果我们早些意识到这些问题，便可以早做行动，坚定不移地驱散欧洲阴霾，避免后面这一系列惨剧。而现在无论如何，在经历了重重困难和危险以后，我们也算是解决了这个问题。想起过去，我难掩激动的心情，于是我向海尔·塞拉西皇帝致电祝贺。

> 首相致埃塞俄比亚国王陛下：
>
> 　　听闻国王陛下您在全体国民的热烈欢迎下，重返首都亚的斯亚贝巴的消息，全体英国国民及大英帝国人民都为您感到高兴。陛下您是第一个被纳粹法西斯罪犯赶下宝座、驱逐出境的合法君主，现在您又是第一个胜利归来的君主。我定会将陛下的谢意充分传达给英国和英帝国的司令官、军官和士兵们，是他们同埃塞俄比亚的爱国人士一道，彻底粉碎了意大利军事篡权的阴谋。英王陛下政府由衷希望，在邪恶势力被推翻后，埃塞俄比亚能得到长期的和平与发展。
>
> 1941 年 5 月 9 日

意大利国王的堂兄弟奥斯塔公爵，自 1937 年起担任意属东非总督和埃塞俄比亚总督，1939 年后则担任这些属地内意大利军队的总司令。他是一位彬彬有礼、很有教养的人，曾受过英国教育，他的妻子是一位法国公主。墨索里尼并不喜欢他。"领袖"因为某些理由觉得他心慈手软，缺乏指挥才能。5 月 7 日，他带着残余部队向我方投降。1942 年，身为战俘的他死于内罗毕。

自1月份，战争开始后，敌军原有的二十二万余人，大多已被俘或被歼，但目前仍有数千敌军盘踞在埃塞俄比亚山区的据点中。

＊　　　＊　　　＊

　　东非意大利帝国和军队的毁灭，以及随之而来的许多其他重大事件，写到这里也可以告一段落了。一开始，我们曾担心在亚的斯亚贝巴居住的两万意大利无辜平民会被埃塞俄比亚人屠杀，而这惨剧并没有发生，现在我们终于可以松口气了。再就北部的情况而言，当时四千五百名意军和当地所征部队，被爱国人士驱逐到了德布拉塔布尔，而今，他们已于7月2日向英国的一个骑兵营和一个连投降。部分从亚的斯亚贝巴而来的第十一非洲师，连同从肯尼亚边境向北前进的第十二师，则剿灭了埃塞俄比亚西南部的敌军。虽受到地形和天气的牵制，但是在一系列的作战之后，他们在7月的第一个星期就肃清了全区域的四万名敌军。夏天，比利时军官率领刚果土著部队，横穿非洲两千英里，参与了战役的最后阶段，俘获一万五千名敌军。最终，只剩下贡德尔没有被攻克，但是那时雨季已经来临，要等到雨季结束后才能进行最后一击。9月末，我们开始缩小包围圈。11月27日，战役结束，最终我们俘获意军一万一千五百名、当地征兵一万二千名，缴获野战炮四十八门。

　　至此，墨索里尼想通过武力征服建立一个非洲殖民帝国，重现古罗马辉煌的美梦，终究还是破灭了。

第八章

EIGHT

当机立断，援助希腊

尼罗河三角洲的战略后备军——成立巴尔干阵线的希望——德国进军保加利亚——雅典动荡不安的局势——驻雅典大使的悲剧——援助希腊还是抛弃希腊？——史末资和三军参谋长建议我们坚持进行下去——简短的内阁会议和最后决定——新西兰的反应——波兰的反应

到目前为止，除了一直在埃及进行大规模的准备工作，以及参加前面提过的雅典会谈和签订协定以外，我们在希腊的冒险还没正式开始，一道命令就可以中止准备工作。但不管怎样，在尼罗河三角洲集结一支四个师的战略后备军从本质上来说是件好事。既然希腊人已经在多个方面违反了雅典协定的条款，只要我们愿意，我们便可以要求停止履行协议。虽然危机四伏，但直到3月初为止，我都感觉很坦然，因为我们手上握有一支"机动主攻部队"。

到底要不要派遣尼罗河集团军前往希腊？现在必须得下一个定论了。之所以迈出这重要的一步，不仅是为了救希腊于水火，还为了建立一条包括南斯拉夫、希腊和土耳其在内的巴尔干防线，以抵御德国的攻击，这对苏联也会产生令我们无法估计的影响。如果在此之前，苏联领导人能意识到即将发生的一切，那他们也一定要对上面提到的这些事予以足够重视。倘若只有我们派遣部队过去，那并不能解决巴尔干的问题。我们只能寄希望于发动和组织联合行动。如果在我们的指引下，南斯拉夫、希腊和土耳其能联合作战，那么，希特勒只能要么暂时搁置巴尔干行动，要么集中兵力对付我们的联合军队，以便在这个战区建立一条主要战线。我们当时并不知道他已经下定决心要大举入侵苏联了。如果当时知道的话，我们对这一政策就会更有把握，也会早早料到他将两手空空、一事无成。此外，倘若德军在巴尔干进行准备工作的话，很容易阻碍他们的主要行动。那时的情况确实是这样，但我们当时并不知情。有些人可能会觉得我们做对了，确实，尽管我们当时掌握的信息很少，但我们做得确实很好。我们的最终目的是鼓动和联合南斯拉夫、希腊和土耳其共同作战，而目前我们的任务就是支援希腊。为了达到上述目的，我们在尼罗河三角洲地区精心部署了四个师的兵力。

*　　*　　*

3月4日，坎宁安海军上将明确向我们指出，如果向希腊派遣尼罗河集团军和皇家空军，地中海的海军则要面临很大的风险。这意味着在接下来两个月里，我们要不断运送士兵、物资和交通工具过去，特别是驱逐舰方面，可能要承担很重的任务。在未来的一段时间里，战斗机和防空力量可能都会处于弱势。如果德国人从保加利亚发动空袭，我们要做好心理准备：我们的运输船队无论是在海上行进过程中，还是在港口登陆时都会遭受损失。同时，意大利舰队在海面上的行动也不容忽视。我们可以用驻扎在克里特岛苏达湾的战列舰来对付意大利，但是这样一来又削弱了运输船队的护航力量，通往昔兰尼加的补给线也随即暴露，此外还会加剧马耳他岛的紧张局势。在大规模调运这些军队和运输舰时，我们不得不考虑苏伊士运河里的磁性水雷和声波水雷。上将说道，所有的进攻计划，包括对罗得岛的海陆空联合作战，都要推迟。他手中的资源已经所剩无几，但他相信我们的政策是正确的，有风险也是正常的，要积极面对。进攻罗得岛计划的推迟让我们深感失望，我们知道这个地方意义非凡。罗得岛和斯卡潘托岛都是关键据点，岛上的飞机场距离克里特岛很近，极有价值。之后的好几年，我们也曾多次计划攻占罗得岛，但始终没能在战事进程中找到合适的时间点。

*　　*　　*

这时我获悉，史末资将军在艾登先生的热烈邀请下正前往开罗，我给他发了下面的电报。

　　我很高兴你就要和艾登、迪尔见面了。为了支援希腊和尝试建立一条巴尔干战线，我们下了一个意义重大却危险重重的决定。在你们的会晤结束后，我期待能听到你对这个决定的意见。这个决定让增援埃及和利比亚成为最为必要的任务，我希望你和韦维尔还有迪尔商量，尽早把"莨苕"（第一南非师）派往地中海，若运输方面有困难，可以和我商量。我们在东非迅速取得的胜利，促进了其他事务的进程。几个星期前他们还和我们说，5 月以前都不能进军基斯马尤，但现在摩加迪沙和整片区域都落入我们手中了。

1941 年 2 月 28 日

*　　*　　*

艾登先生汇报称，他和土耳其人的会谈进展并不顺利。他们和我们一样，意识到了逼近的危机，但他们和希腊人一样，觉得我们所提供的军队并不能解决实战中的问题。

艾登先生致首相：
　　今天早上，帝国总参谋长和我，连同总理、外交大臣和查克麦克元帅开诚布公地进行了会谈，整个过程气氛融洽。
　　大家一致同意，认为我们应尽早给希腊提供最大程度的援助。他们一再说明，只要德国发动攻击，土耳其就会下决心迎战，他们深信，德国倘若进攻希腊，那么意味着下一个目标就是土耳其。但是由于现在土耳其的军队还没有进攻的能力，因此他们认为，土耳其可以先不参战，等到他们弥补了自己的不足，并且能发挥最大作用时，再参战也不迟，这更有利于我们的共同事业。

如果受到攻击，土耳其人有自信能抵御德军一段时间，但他们也希望我们能够马上给予救援……他们称，要和南斯拉夫政府的步调保持一致，他们曾在我方的邀请下与南斯拉夫政府联系，但对于（他们的）打算，至今只收到一个闪烁其词的答复。他们担心一旦土耳其卷入对德战争，苏联就会进攻（他们）。

会谈的结果是，土耳其答应到了适合的阶段肯定会参战。当然，如果受到攻击，他们必定会立即参战。但是如果德国人给了他们足够的时间去重新武装自己，他们定会好好利用，并在有利于共同事业、又能真正起到作用的时候参与战争。

1941 年 2 月 28 日

我回复说：

首相致艾登先生：

很明显，德国铁蹄打算要踏破保加利亚了，随即用空袭来威胁土耳其，强迫希腊退出战争，再转向南斯拉夫，命令它俯首称臣，最后还要不要进攻土耳其，那就看他们方不方便了。

现在，你应该重点做南斯拉夫的工作。如果南斯拉夫突然挥师南进，意大利将会遭受重创，此举也会对整个巴尔干的局势起到决定性的作用。如果土耳其也同时宣战，那敌人就没办法在几个月内集齐足够的兵力。在这期间，我们的空军力量便可得以增长。如果有成功的希望，哪怕只有几个月，我都甘愿冒着极大的风险，用最快的速度做好一切准备工作。

但我希望你能这样处理希腊事务：如果在分析了所有因素（包括进攻罗得岛的可能性）之后，觉得还是没有什么希望的话，你还是有权让希腊、也让我们摆脱任何约束。不过离做出最后决定还有几天时间，在此期间一切按计划进行。

雅典

1941 年 3 月 1 日

* * *

现在要来说一下我们为了警告南斯拉夫政府所做出的努力。萨洛尼卡的整个防御工作取决于南斯拉夫是否参战，因此我们很有必要了解他们下一步的打算。3 月 2 日，我国驻贝尔格莱德的大使坎贝尔先生在雅典会见了艾登先生。坎贝尔先生说，南斯拉夫人对德国人很是惧怕，国内也因政治纠纷而动荡不安。但是如果他们知道我们打算支援希腊，那么他们就有可能参战。艾登先生和希腊人都怕敌人会有所察觉。5 日，外交大臣送别了坎贝尔先生，并把一封致摄政王保罗亲王的密函交由他带回贝尔格莱德。艾登先生在密函中说道，南斯拉夫的命运已掌握在德国人手中，希腊和土耳其打算在受到攻击的情况下参战。在这种情况下，南斯拉夫应该加入到我们的阵营中来。坎贝尔对摄政王说，英国已经决定尽快派出强大的陆空军队支援希腊，所以如果南斯拉夫能派遣一位参谋人员来雅典的话，我们也会让他参与到我们的会谈中。能否守住萨洛尼卡，要取决于南斯拉夫的态度。如果它向德国人屈服，那么结果显而易见。我们力劝它加入我们这一边，这样一来，英国军队就会和它并肩作战。我们将在希腊投入精锐，应该可以守住这一战线。

* * *

3 月 1 日，德国陆军开始进军保加利亚。保加利亚陆军也已经动

员起来，并沿着希腊边境设防。得到了保加利亚的全力协助，德军开始全面向南前进。第二天，艾登先生和迪尔将军从安卡拉返回雅典，继续军事会谈。关于会谈的结果，艾登先生发了一封电报，说明了严峻的形势。

艾登先生和帝国总参谋长致首相：

1. 我们回到雅典以后发现局势不太对劲，气氛和上次我们来的时候也有很大不同。

2. 帕普哥斯将军上次会谈时一直强调说，从军事的角度来看，把驻守在马其顿的所有军队撤至阿利阿克蒙一线是唯一可行的办法。我们曾以为这一撤退行动已经开始，可是后来才发现竟毫无动静。帕普哥斯称，双方已达成一致意见，上次会谈中所通过的决议要根据南斯拉夫回复的态度来决定。

3. 此刻，帕普哥斯建议用四个师的兵力守住马其顿边境附近的一道防线，尽管他觉得这道防线也守不了多久，他还建议在阿尔巴尼亚战线上按兵不动。这看起来像是无路可走了，事实上他自己也承认了。

4. 他建议道，英国军队在到达后应分批次前往马其顿边境上的战线，尽管看起来英军无法准时抵达。我们当然否决了这项建议，这和我们当时同意派军的条件完全不相符。我们给中东总司令发了电报，让他赶来雅典参加会议。他在3月3日到达。会谈一直在进行中，由于帕普哥斯的态度很强硬，我们不得不请求希腊国王的协助，在以后各种费尽心力的讨论中，国王自始至终都保持着冷静和果断，对我方帮助很大。

5. 他们最终决定提供三个希腊师……

6. 因此我们面临以下三种选择：（1）接受帕普哥斯的计划，他一直念叨着要让我方军队分批前往马其顿边境。（2）接受用于防守阿利阿克蒙战线的三个希腊师，并在这些军队后方集结兵力。这三个师的兵力大约只相当于十六到二十三个营，并非我们上次访问希腊时估计的三十五个营。(3) 取消提供军事援助的计划。

7. 我们一致认为，第一种办法会导致军事上的摇摆不定，第三种办法带来的结果同样惨重……

8. 因此，虽然有所担忧，我们还是同意了第二种办法，但有一个附加条件，那就是要将阿利阿克蒙全线的指挥和组织工作交给威尔逊将军负责，一旦他准备好便立即接手。对方同意了这个条件。

9. 我们的军事顾问认为，这条战线地势险要，能发动有效进攻的路径极少，所以在这条线上拦截和抵挡德军的前进，还是有希望的。就算遇到最坏的情况，还是可以边攻击边撤退，因为这里的地势非常适合后卫战。

10. 我们所有人都相信，我们在极度困难的情况下做出了正确的决定。这两天的焦躁不安已无法用言语表达，不过既然已经做出决定，希腊方面的气氛也得到了显著的转变。但是现实依然残酷，我们的部队，包括自治领的部队在内，将会参与到一场危险的战斗中，这比我们一个星期前预计的更加危险。毫无疑问，你要决定是否知会各自治领政府……

1941 年 3 月 5 日

*　　*　　*

这时，在伦敦，我们的观点发生了明显的改变。参谋长委员会观察到有各种不利的因素正在影响我们的巴尔干政策，而且对派遣一支军队到希腊这件事情尤其不利。他们首先强调了战局的主要变化：希腊总司令意志消沉低落；希腊人曾在十二天前保证，如果南斯拉夫不参战，就把他们的军队撤至我们必须防守的那条防线上，可是希腊人并没有做到这一点；本来应该有三十五个希腊营来帮助我们防守这条战线，可是现在最多不过二十三个营，还都是新编的，尚无作战经验，炮兵数量也不够。此外，我们曾指望希腊人可以从阿尔巴尼亚边境调遣几个师过来，"但现在帕普哥斯将军却称没有办法做到，因为那些士兵都很疲惫，而且敌众我寡，实力悬殊"。

　　谈及我们自己的困难，三军参谋长指出，他们一直希望在希腊行动之前或者同时，能拿下罗得岛，但现在要等到希腊行动之后才能完成了。这就意味着，我们不但不能集中空军兵力去阻止德军前进，而且为了保护与希腊之间的交通线路，我们还得对罗得岛发起"大规模"的空战。最后，苏伊士运河目前已布满水雷，3月之前恐怕难以扫清。载运摩托车的船只只有一半在运河北部，所有载人的船都在运河以南。时间所剩无几。参谋长委员会预估，到3月15日，德军将在阿利阿克蒙防线上集结两个师，到了22日可以再集结三个师。这些师里面有一支是装甲师。假设希腊军队只能短时间在这条战线上拖住德军，那么我们最多只能有一个装甲师和一个新西兰旅来对付首批集结的两个德国师。

　　最后他们总结道："这次行动的危险程度大大增加。"但他们觉得目前还不能对参战人员提出的意见表示质疑，那些军人认为局势还是有利的。

＊　　　＊　　　＊

　　周日晚上，我一个人待在契克斯首相别墅里，反复思考着参谋长委员会的报告和当天早晨战时内阁会议上讨论的趋势。接着我给艾登先生发了下面的电报，他在那个时候已经离开雅典，前往开罗了。我这次的语气和以前有所不同。对于最后的决定我要负全部责任，因为我确信，如果参谋长委员会的意见能说服我，我是完全可以停止该计划的，毕竟相较于执行该计划，取消则要容易得多。

首相致艾登先生：

现在的情况的确越来越糟糕。参谋长委员会已经发表了声明，形势严峻，这个将在下面提到。帕普哥斯未能履行2月22日和你达成的协议，他的军队势必要在阿尔巴尼亚与敌人遭遇。之前计划好的一系列准备行动由韦维尔负责，但参谋长委员会同时提出了一些不利因素，如罗得岛计划的延迟和苏伊士运河的封锁，所有的这些情况让内阁觉得，我们没有足够力量去救援希腊，除非土耳其和（或）南斯拉夫参战，但现在看来，我们确实不能指望这两个国家了。在推动巴尔干国家联合起来对抗德国这件事上，我们已经尽了最大努力。我方能及时赶到希腊战场的军队数量极为有限，在这种情况下，我们必须得谨慎小心，千万不要劝希腊放弃它自己明智的判断，而作无望的单打独斗。倘若将新西兰和澳大利亚部队投入到如你所说的比之前更为危险的行动当中，帝国内部的一些严重问题就会随之而来。我们一定要把你和参谋长委员会做出的预测通知到各自治领政府。我们无法保证他们是否会同意作战，我们甚至看不到一点成功的希望。当然，如果我们推崇迪尔和韦维尔的意见，那就另当别论。

我们不能让希腊有这种感觉：他们一定要拒绝德国的最后通牒。如果他们自己决定要作战，我们要在一定程度上分担他们的困难。但是德军进攻如此迅速，英帝国军队哪怕再强大，恐怕都赶不及过去参战。

只要土耳其仍然保持中立，希腊和巴尔干各国的失守对我们来说就肯定不是一个大问题。我们可以攻下罗得岛，并考虑"流入"计划（进击西西里岛）或者的黎波里计划。我们曾接到各方的劝告，他们认为我们被逐出希腊是可耻的，这比巴尔干各国向德国投降还更加不利于我们在西班牙和维希的地位。我们势单力薄，从未指望靠我们自己就能帮巴尔干各国摆脱不得不屈服的厄运。

如果没有什么特殊情况出现，那么内阁明天可能就会通过决议。我给你发这封电报，是为了让你对明天内阁决议上的内容做好心理准备。

开罗

1941 年 3 月 6 日

这封电报附有参谋长委员会对严峻事态发表的声明，其摘要已经写进电报里了。

＊ ＊ ＊

迈克尔·帕勒里特爵士在雅典读到我的提醒电报后，感到十分痛心。他马上致电刚刚抵达开罗的外交大臣，内容如下：

1. 我刚读完首相给你发的电报。撤销由帝国总参谋长和希腊总司令签订、现由威尔逊将军正在亲自执行的协定，将会产生什么样的影响，这一点我不必再次强调了。希腊总司令和帝国参谋长原来信誓旦旦地向希腊国王做出保证，说有成功的把握，现在又怎么能抛下国王不管呢？我难以想象。我们如此食言，一定会被希腊人乃至全世界的人嘲笑。

2. 毫无疑问，"不能让希腊人觉得一定要拒绝最后通牒"。他们已经决定在必要时单独对德作战。问题在于我们是帮忙，还是袖手旁观？

1941 年 3 月 6 日

当天他又致电艾登先生：

希腊国王今天对空军武官表示，他对你的来访十分感激，他们完全有信心按照之前的约定行事，来抵御德国的进攻。

他表示成功的概率很大，帕普哥斯将军和他的政府也同样信心满满，这一点他很满意。他强调速度非常重要，尤其是空军方面，力量一定要充足，为的就是能击败德国的空袭，这是敌人惯用的开战攻势。德国空军最初的失败打破了德军不可战胜的神话，让全国上下都和他一样有了成功的信念，这比其他任何东西都管用。自从你离开以后，我还没有亲自接见过他。

随后他又发了一封电报，说道：

　　威尔逊将军今天一早和帕普哥斯将军进行了一次令人满意的谈话。因为帕普哥斯将军的态度有明显的好转，所以他很高兴。他发现帕普哥斯已做好协助的准备，也急切地想通过各种可能的方法来进行合作。

首相致艾登先生：
　　在未收到你的回复之前，战时内阁不会做出任何决定。

开罗

1941 年 3 月 6 日

艾登先生致首相：
　　1. 今天下午，帝国总参谋长和我，在与三位总司令进行磋商的过程中，重新审查了这个问题。我们一致同意，我们在雅典方面的决策是正确的，虽然这让我们承担了重大的义务和风险，尤其是在我们海军和空军两方面的资源都十分有限的情况下，但我们仍然坚持这一选择。帕勒里特发往开罗的电报中，表明了希腊方面对于这个问题的立场。
　　2. 这封电报仅仅是想向你说明我们在等待内阁指示时的想法。

1941 年 3 月 6 日

他又来电说：

艾登先生致首相：

今晚，我们和史末资将军，以及各位总司令进行了进一步讨论，明天早上就能把详细的评估传达给你。

1941 年 3 月 6 日

首相致艾登先生：

1. 今天我会把你那经过深思熟虑的复电呈递给内阁。在此期间，你应该以最快的速度进行各项准备和军队的调遣工作。

2. 让我深受感动的是，在你们充分了解了敌情和技术方面的情况，并且参考了参谋长委员的备忘录后，你和你的各位军事顾问——迪尔、韦维尔，我想应该还有威尔逊，还能分析轻重，权衡利弊，保持如此坚定的态度。

3. 有两个关键点。第一，对于劝说希腊人抛弃他们明智的判断从而赶赴一场毫无希望的战斗一事，我们万万不可把这责任揽到肩上，其后果之严重可让他们的国家顷刻灭亡。但是，我在之前就曾提过，如果在了解实情（我们在预定的日期内可派出的军队非常有限）以后，他们仍决定要决一死战，那我们当然应和他们患难与共。我们一定不能落人话柄，不能让人留下这样的印象：我们能提供的帮助很少，却强行说服他们加入战争。不过根据你的回复来看基本没有这个可能。根据你的态度和从雅典发来的电报看，你在这一点上做得还是不错的。

第二，担任这项重大任务的主力军队是新西兰师，到了 3 月份以后还有澳大利亚军队。我们必须如实告知新西兰和澳大利亚政府，之所以进行这一冒险行动，不是因为一位英国内阁大臣在雅典做出了什么承诺，也不是因为帝国参谋长

签订了什么协定，而是因为迪尔、韦维尔还有其他总司令确信这是一个值得参战的大好机会，当然两国政府也不会因为困难而退缩。因此，鉴于你此前曾对我们的质询电报做出积极回应，我认为你对于这一点也已暗许。

请你在百忙之中记住，到目前为止，你除了以重要的责任为理由之外，还没有向我们提出具有说服力的事实或理由，可以向两个自治领证明这次行动是师出有名的。在任何行动前，准确的军事预测还是十分有必要的。

你要知道，我们的心是与你和你优秀的军官们同在的。

开罗

1941 年 3 月 7 日

1941 年 3 月 7 日，我们在伦敦收到了一份报告，这份报告是之前就和艾登先生说好的，内容为专门针对此事做出的详细解释。

艾登先生致首相：

以下意见来自你方特使：

1. 我们已经和各位总司令以及史末资重新把当前的整个局势审视了一遍。在这个过程中，我们全都意识到这一决定的重要性，但我们没有必要改变之前做出的判断。

2. 毫无疑问，没人强迫希腊违背他们自己那明智的判断。我们最初在泰托伊王宫会晤时，希腊首相在会议一开始就递给我一份书面声明，宣称希腊要坚决抵抗意大利或德国的进攻，哪怕是单独作战也无所畏惧。希腊政府一直都保持着这样的态度，只是对于打胜仗的信心不太坚定。希腊人认识到，只要意大利和德国威胁着他们的边境，就不会有天下太平的一天。希腊人现在有两条路：要么选择和罗马尼亚一个下场，要么就必须豁出去，奋勇抗敌。

3. 我们已经对希腊做出保证。皇家空军的八个中队、地

面防务人员和空防人员几个月前就已经开始在那里活动。

4. 利比亚胜利之后，我们已有足够可供调遣的军队，这一点大家都知道。但如果我们不进一步对希腊采取行动，不在陆地上进行武装干涉，那么希腊肯定会崩溃，这将会是最大的不幸。南斯拉夫也将很快被击垮。如果德国和意大利的军队在希腊立足而我们又不加以抵抗的话，土耳其是否还能坚定自己的立场不动摇，这一点我们毫无把握。如果我们被狼狈地赶出希腊，这毫无疑问会让我们的威望扫地，但是只要我们努力过，哪怕最后失败了，也比坐视不理，让希腊自生自灭强……

鉴于当前形势，我们一致同意遵循之前提出的方针对希腊进行援助。

因此我们虔诚地希望，自治领军队的派遣方面不要出现什么问题。同时，如果想要战争的成功概率变大，就需要设法弥补我军与敌军严重的差距，特别是空军力量方面的差距。在抵达这里以后我们多次强调，薄弱的空军力量是我们在这个战场上的主要隐患。德国在内线作战，正从西西里岛和的黎波里、从巴尔干和多德卡尼斯群岛加强攻击。而我们并没有相应地增加援助。批准拨来的"战斧"式战斗机数量大幅减少，这是一个巨大的打击。此间，皇家空军天天在阿尔巴尼亚与意大利空军交锋，并在其他地区与日益壮大的德国空军作战。

在这个战场上，空中的战斗是很激烈的。朗莫尔请求一切可用的援助。若他的空军力量得以保持，那么这次行动便没有多少危险和困难了。

1941 年 3 月 7 日

在三军参谋长的陪同下，我向战时内阁会议提出了这个问题，战时内阁会议的阁员们对所有事情都要把控，以便做出最后的决定。虽

然我们无法派遣多于已分配好以及正在运输途中的飞机，但阁员们从未面露难色，意见始终保持一致。我个人认为，在场的各位都是久经考验的。毫无疑问，他们的行动并没有受到国内政治压力的束缚。史末资用他卓越超凡的智慧、精辟独到的角度和新颖独特的眼光考虑问题，也得出了一样的看法。没人说我们把自己的意愿强加到希腊身上，违反了希腊本身的意志。我们也没有强行说服任何人。确实，我们有最权威的专家，他们完全可以自由行事，他们充分了解人员和战场上的情况。我的各位同僚身经多次危险的行动，得到了锻炼，现在他们也能独自做出判断。但不管怎样，我们得出的结论始终是相同的。孟席斯先生肩负特殊的重担，但却充满勇气。大家都跃跃欲试，想及早行动。内阁会议时间不长，但我们在会上做出了最终决定。

首相致艾登先生：

今天早上，根据你从雅典和开罗发来的电报还有我的电报，内阁研究了行动计划。三军参谋长认为，鉴于各位战地总司令、帝国总参谋长和有关部队的司令官等对此事表现出的坚定态度，此事应继续进行。内阁决定授权你继续进行这一行动计划，并由内阁对此事负完全责任。关于这点，我们也会通知澳大利亚和新西兰政府。

开罗

1941 年 3 月 7 日

两天后，我又以更加私人的语气发出了如下电报。

首相致艾登先生：

1. 对于你在电报里提到的有关巴尔干问题的处理方法，我完全同意。相比于完全置身事外，南斯拉夫更有可能和我们并肩作战。

2. 你在现场时应该要和埃及总理、法鲁克以及任何相关

人员开诚布公地磋商我们对安全的要求。罗马尼亚公使馆竟沦为德国间谍的巢穴，苏伊士运河区内也充斥着大量敌人的特务，这都是令人无法容忍的。我们拯救过的人竟是如此态度，我希望你能摆平这些事情。

3. 请你转告史末资，如果他现在离这里不远，就请他来这里一趟，并像过去一样在战时内阁里工作一个月，那我会十分高兴。

4. 请不要忽视了关于节约利用中东军队的指示。我相信你可以把这件事处理好，确保每个人都做出了一定努力，你可以用几天时间来做好这件事。

开罗

1941 年 3 月 9 日

＊　　＊　　＊

与此同时，对于我们提出的调派一个师的要求，新西兰方面欣然应允。

首相致新西兰总理：

你的回复让我们非常感动。无论战争结果如何，这定将留名青史，并为世界各地自由人类的后世子孙所景仰。对于你在电报最后部分提出的要求和设想，我们定会全力以赴。

1941 年 3 月 12 日

首相致艾登先生：

1. 在这场危机的开局阶段趋于成熟之前，我认为你最好留在中东。在给你的指示中，我已经提到了如何协调有关方面在政治和军事上的行动。南斯拉夫的态度透露出些许希望，或许还有协商的可能性。随着局势的发展，土耳其需要鼓励

和指导。没有人可以像你一样，能整合协调这一至关重要的政策，这项政策是你之前坚持要求的，我们也已经采纳了。战时内阁需要有一位代表在当地了解情况，而我十分盼望你能留在那里。

2. 我今天早上见到了西科尔斯基，并请求他派遣波兰旅，他欣然允诺。但他要求道，这一个旅是波兰民族仅存的少数象征之一，切勿轻易丢弃，或让它听任命运的摆布。我答应给予他一整套的装备，决不让他们承受比我们部队更大的危险。他说道："你们有成千上万的士兵，而我们只有少数的几支部队。"我希望你能理解，我们要让这些勇敢的异邦人士做的是什么？我也希望韦维尔将军能始终把这一点牢记在心。

3. 我意识到，我们还没有动用过一个英国师。我正在设法安排第五十师随同温斯特第八号运输船队前去，将于4月22日启程。一支特派的船队只能节省一个星期的时间，而且我们也抽调不出额外的护送舰过来。

4. "格伦"式运输舰是否已驶过苏伊士运河，韦维尔还没有通知我们，但是，我认为这件事刻不容缓。就你之前已经知道的一个情报表明，德国因为猜到英国即将占领罗得岛，正在准备从该岛撤退人员。但是你不应该轻易地同意无限期地推迟对罗得岛的进攻。我们要尽早攻占该岛，然后不论结果如何，英国第六师都要调走，绝对不能让别人指责我们只让别人的军队冒险。你应极力敦促，尽量在月底以前攻克罗得岛。

5. 你能否告知，为什么帕普哥斯不从阿尔巴尼亚调回三个或四个师去加强他的右方前线？听说最近意军遭到了打击，而德国还没开始推进。因此，据我看来，目前希腊军队的战略部署是最危险的。帕普哥斯这么做一定有充分的理由。如果你知道的话，请务必告知。

6. 当然，如果南斯拉夫加入我方作战，这就证明了希腊往阿尔巴尼亚增派兵力是合理的。但是现在还不知道南斯拉夫会怎么做。我猜你和迪尔已仔细研究过南斯拉夫是否可能在阿尔巴尼亚进攻意军。他们也许可以从那里获取最大的胜利，同时还可以获得他们维持独立所必不可少的大规模装备，在其他地方则没有这种待遇。

7. 不要让德军轻易地占领利姆诺斯岛来作为他们的空军基地。

8. 看来应该在克伦取得决定性胜利后，再从那里撤回空军中队。

9. 你之前那封电报谈到朗莫尔的不满，但你忽略了还在运输途中的飞机。

开罗

1941 年 3 月 14 日

在详细描述了空军方面的一些增援情况以后，我接着说道：

朗莫尔认为你应该从拉各斯回国，波特尔也赞同这个意见，我之所以希望你和迪尔留在现场，主要原因正是如此。不然除了我在第一节中谈到的重大理由外，你们二人将在关键的七天中既不能在伦敦发挥作用，又不能在现场有所作为。我们这边一切顺利，在月夜里的行动相当成功，击落了不少德机。愿上帝保佑你们。

我想应该把我们的计划用电报发给罗斯福总统，以结束这令人焦躁不安的一章。

前海军人员致罗斯福总统：

我现在必须把我们对希腊做出的决定告诉你。虽然从班

加西向的黎波里推进这种尝试很有吸引力，而且我们能在这一行动中用上数量相对可观的军队，但是我们觉得必须要和希腊人共进退。他们已经表明了决心，要坚定地抵抗德国侵略者，哪怕孤军奋战也一往无前。韦维尔将军和迪尔将军曾陪同艾登先生前往开罗。两位将军在同我们开诚布公地磋商后，认为我们有大好的机会可以打赢这场仗。因此，我们正把大部分尼罗河集团军派往希腊，并尽全力增援空军。史末资正调派南非军队前往尼罗河三角洲地区。总统先生，你完全可以预见到这里的风险有多大。

在这个节骨眼上，最关键的是南斯拉夫的行动。这是一个千载难逢的军事机会，还没有一个国家有过这样的际遇。如果他们在阿尔巴尼亚袭击意军的后方，那么接下来几个星期将会发生什么大事就很难说了。整个局势可能就此大变，而土耳其的行动也一定会对我方有利。人们觉得苏联可能出于恐惧，会重申对土耳其的保证：不会在高加索地区对它施加压力，或在黑海与它对抗。你派驻在土耳其、苏联，尤其是南斯拉夫的大使这时就能发挥巨大作用，有很大可能扭转乾坤，这一点我不必再重申。

在这一点上，多诺万在巴尔干和中东的长期旅行中成绩突出，我就此对你表示感谢。他身上一直有种令人感到鼓舞和温暖的热情。

1941 年 3 月 10 日

附　录

英国和德国空军实力的估计
——首相兼国防大臣的备忘录

1. 自开战以来的十五个月，德国空军估计总共获得了两万两千架不同类型的飞机，用于各战场和各种用途，而英国空军则获得了一万八千架飞机。在过去为期八个月的激烈战斗中，德国空军4—11月（包括4月和11月在内）得到了一万两千架，而英国空军除了从国外运来的一千架，得到了一万一千架。在这八个月的战斗中，双方的空军实力都得到大力扩充，所得飞机数量大致相同，平均每月得到一千四百至一千五百架。

2. 在这八个月中，英国前线空军的实力始终维持在两千一百架左右，基本没有什么变化。鉴于此，每月生产一千四百架飞机，正好在激战期间保存了两千一百架的前线实力。

如果我们这样计算，在这一千四百架中有五百架是教练机，两百架是专作教练用的作战飞机——在战事激烈时，这是比较宽泛的估计——那么每月有七百架作战飞机，也就是说，我们前线飞机编制中的三分之一无法使用了。事实上，数量或许远不止于此，因为就轰炸机中队而言，无论如何，每月损失的轰炸机相当于五分之二的前线飞机编制。

3. 当然，德国的损失比例不会低于我们。根据空军部的估计，他们5—8月，损失了三千架飞机，8—10月底，损失数量为两千八百架

——共计五千八百架。同时期内，我们的作战损失则不到对方的二分之一。

4. 空军部的情报处依据所获情报做出判断，在 5 月 1 日的时候，德国的前线空军大约是我军的三倍——约为六千架。若情况的确如此，并且他们的损失比例低于我方的话，他们每月至少会损耗两千架（如果按五分之二来计算，数量远多于此）。如果我们估计他们的平均产量的确是一千五百架，其中的一千一百架用于作战，那么德国空军就肯定会以两千减一千一百的比率而逐渐减少，换句话说，第一个月至少会减少九百架。由于战线缩短，损失和减少率势必会降低，但历经四个月后，实力一定会远低于四千架。

除非德国人以防不测而储备了大批飞机，否则这个结果将不可避免。但从他们的战前产量来看，不可能会出现这种情况。无论如何，由于飞机很快就会过时，因此这个办法划不来。一个国家的空军若能得到妥善安排，在战争爆发时，便应拥有一批储备，足够前期两至三个月使用，用于开动战争机器，之后则靠生产来维持。

为了搞清楚在我们前线编制中每月注销百分之几的飞机，原因何在，应展开一次调查，便于准确估计我方和德国的作战损失，计算时可假设德军在其他方面的损失比例与我军相同。有一点需注意：德国人分派到教练单位因而注销的飞机数量，一定等同于我们在此方面的数量（军官训练班应被视为训练单位）。

5. 从我方所获情报来看，德国每月只生产四百架教练机。从这个数字来看，远远无法填补空军情报处认为德国人所拥有的庞大空军的驾驶员的损耗。我方所用的教练机数量较多，没有把直接上交到加拿大训练学校的数量计算在内。

据传，德国有大批后备驾驶员，战前受过训练，战俘中的驾驶员很少接受过战后培训。若情况的确如此，他们确实储备了大量飞机，那为何未将两者结合起来，而在大规模空战期间，作战飞机的数量并未相应增加，令人费解。

6. 须竭尽全力澄清眼下自相矛盾的说法。经济作战部所估计的产

量，与前线实力远超三千架这个估计数字相比，是不相符的。这个数字和德国在敦刻尔克、不列颠战役中的产量是一致的（考虑到有利的地理方面的因素）。空军情报处所做的估计是此数字的两倍。

眼下唯一可以解释这种矛盾的理由似乎是：

（1）经济作战部完全估计错误，德国产量几乎是其所推测的两倍。此外，德国人在不列颠战役中或在敦刻尔克并未全力以赴。

（2）与之相反，我方的德国情报组被德国人欺骗了（德方可能有意而为之），他们估计的数字远超实际。

（3）德国情报组所统计的部队并不完全是我们所说的前线部队，其中绝大部分（至少三分之一）为非作战部队，或许等同于军官训练班。

1941 年 12 月 9 日